대리이론의 연구

고영아 저

유한문화사

머 리 말

대리란 본인과 일정의 관계에 있는 타인이 본인을 위하여 의사표시를 하는 것에 의하여, 그 효과를 직접 본인에게 귀속시키는 제도이다. 예컨대 본인을 위하여 그 대리인이 상대방과 매매계약을 체결한다는 의사표시를 하면 본인과 상대방 사이의 매매계약이 성립한다. 대리제도가 인정되게 된 것은 역사적으로는 비교적 새로운 근세에 들어서부터이다. 상업의 발달이 대리제도를 요구하였을 뿐만 아니라 크리스트교의 교회법도 대리제도의 확립에 기여하였다고 보고 있다. 그러나 그 이론적 기초가 완성된 것은 19세기 독일에서였다.

계약체결 등을 위한 의사표시는 그 효과가 귀속되는 본인이 하는 것이 원칙이다. 그러나 타인의 행위에 의하여 계약이 체결할 수 있거나 권리행사 할 수 있으면 편리하고, 대리제도가 없으면 곤란한 경우도 있다.

대리의 필요성은 다음의 세 가지 경우에 인정된다. 첫째, 본인의 활동범위의 확장을 위해서이다. 예컨대 사업을 행하는 개인이나 기업이 종업원이나 대리점 등을 대리인으로서 사용하여 거래하면 광범위한 지역에서 다량의 거래를 할 수 있다. 여기서는 대리는 이른바 사적 자치의 확장으로서 기능하고 있다. 여기서 사용되는 대리는 임의대리이다. 둘째, 대리는 거래능력이 없는 자의 활동을 보충하기 위하여 사용된다. 미성년자나 한정치산자, 금치산자 등은 스스로 거래할 수 없으므로 대신하여 거래를 해 줄 자가 필요하다. 여기서는 대리는 본인의 제한된 사적자치의 보충의 기능을 하고 있다. 법정대리가 통상 이 기능을 하고 있지만, 고령자가 자신의 판단능력저하를 우려하여 미리 임의대리인을 선임해 두어, 실제로 판단능력이 저하된 상황 하에서 대리인에게 제반의 사무를 하게 하는 경우처럼 임의대리가 사용되는 경우도 있다. 셋째, 단순한 법적 효과의 귀속주체에 지나지 않는 법인이 활동하기 위하여 대리인을 필요로 하는 경우이다. 법인과 이사의 관계를 민법은 대표라고 하는 표현을 사용하여 설명하지만, 실질은 대리이다. 법인의 대표는 거래활동의 범위를 확장한다는 측면과 법인만으로는 활동할 수 없으므로 법인을 대리하는 이사가 필요하다고 하는 측면이 있다. 또한 이사를 두는 것은 법인에 있어서 필수이고, 그 점에서 법정대리적인 측면을 갖지만, 누가 이사가 되는가, 대리권의 범위는 어디까지인가 등은 정관 및 사원총회에서 임의로 결정할 수 있다는 점에서는 임의대리적이다. 요컨대 법인의 대표는 임의대리와 법정대리의 중간적인 성질을 갖는다.

본서에서는 대리의 법적 구조 및 요건, 효과 등에 대하여 살펴본 후, 무권대리와 표현대리로 인한 여러 문제들을 우리나라와 일본의 학설과 판례를 중심으로 고찰하였다.

이 책이 나오기까지 지켜봐 주시고 따뜻한 격려와 조언을 아끼지 않아 주신 모든 분들에게 감사의 말씀을 드린다.

2008년 봄

고영아

차 례

제1장 대리의 성질 및 종류 / 13

제2장 대리권 / 19

제3장 대리행위 / 37

제4장 표현대리 / 47

제5장 무권대리 / 175

제1장 대리의 성질 및 종류

Ⅰ. 대리의 법적 구조

1. 대리의 기본적 요소

대리인이 행한 의사표시의 효과가 본인에게 귀속하기 위해서는 대리행위와 대리권의 두 요건이 충족될 필요가 있다. 대리행위는 대리인이 본인에게 효과가 귀속한다는 것을 명백히 하여, 상대방과의 거래를 위하여 의사표시를 하는 것이다. 대리인이 그 자격으로 의사표시를 하는 경우에 상대방에 대하여, 의사표시의 효과가 자신이 아닌 본인에게 귀속한다는 것을 표시하여 대리행위를 수행하는 것을 현명주의(顯名主義)라고 한다.

대리권은 본인으로부터 대리인에게 부여되거나 법률의 규정에 의하여 부여된다. 대리인이 하는 행위의 효과가 본인에게 귀속하는 것의 근거로 되는 것이다. 대리권을 대리인 측에서 보면 본인에게 효과를 귀속시키는 행위를 대외적으로 하는 것이 가능한 권한 내지 자격이라고 할 수 있다.

이렇듯 대리권을 갖는 대리인이 대리행위를 하는 것으로 대리의 효과가 발생하고, 대리인이 행한 의사표시의 효과는 본인에게 귀속된다. 주의해야 할 점은 대리인은 대리행위를 하는 때에 자기를 위하여 한다는 의사를 갖고 있지 않으므로 그 효과를 대리인에게는 귀속되지 않는다고 하는 점이다. 의사표시 내지 법률행위의 효과가 행위자 자신, 즉 대리인에게는 일체 귀속하지 않고 타인에게 귀속하는 것을 타인효(他人效)가 발생한다고 하는 경우가 있다. 대리는 이러한 타인효를 발생시키는 제도이다.

2. 대리와 유사한 제도

대리는 타인의 사무를 처리하는 제도이다. 타인을 위하여 하는 의무가 있는지와 사무처리자가 대외적으로 어떠한 것을 하는 권한이 있는가의 두 가지 문제가 있다. 대리는 이 중 대외적 관계에 관한 제도이다. 즉 대리는 전술한 것처럼 사무처리자가 본인을 위하여 대외적으로 행동할 수 있는 것을 나타내는 지위・자격이다.

타인의 사무를 처리하는 제도는 대리 외에도 있는데, 대리와의 차이점은 이하와 같다.

1) 사자(使者)

사자(使者)는 본인이 결정한 의사표시를 그대로 상대방에게 전달하는 자로, 전달기관이라고도 한다. 사자와 대리의 차이로서는 다음의 점을 들 수 있다. 첫째, 사자는 대리와 달리 의사를 결정하는 것은 아니다. 대리에서는 대리인이 의사표시를 한다. 둘째, 사자는 단순히 본인의 의사표시를 전달할 수 있으면 족하므로 사자에게는 의사능력도 필요치 않다고 해석된다. 대리인의 경우에는 의사능력이 필요한데, 의사표시의 효과가 대리인에게 귀속하는 것은 아니므로 행위능력까지는 필요치 한다. 셋째, 의사표시 내지 법률행위의 요건이 충족되는가 아닌가는 사자에 대해서가 아니라 의사표시를 한 본인에 대해서 결정된다. 이에 대하여 대리에서는 주로 대리인에 대하여 의사표시의 하자 유무를 판단한다.

2) 간접대리

자기의 이름으로써 법률행위를 하면서, 그 경제적 효과만을 위탁자에게 귀속시키는 제도를 간접대리라고 한다. 예컨대 고객 A의 주문에 기하여 증권회사 B가 제3자 C로부터 주식 등을 구입하는 경우에 매매계약의 당사자는 매도인 C와 증권회사 B이다. 그러나 증권회사 B에 의한 매매계약의 경제적 효과는 바로 고객 A에게 귀속된다. 간접대리는 직접대리가 인정되기 전까지 중요한 역할을 하였으나, 직접대리가 인정되고부터는 그 이용이 줄었다.

3) 대표

대표는 법인의 대표기관의 행위에 의하여 법인이 직접 권리·의무를 취득한다는 점에서 대리와 비슷하다. 그러나 대표기관은 법인과 서로 대립하는 지위에 서는 것이 아니고, 그의 행위는 법률이론상 그대로 법인의 행위로 보아 버리는 관계에 있다. 따라서 본인과는 별개의 독립한 법률적 지위를 가지는 대리와는 다르다. 또한 대표는 사실행위나 불법행위에 관하여서도 성립한다는 점에서 대리와 다르다.

3. 대리의 종류

1) 임의대리와 법정대리

본인으로부터 신임을 받아 대리인이 되는 것을 임의대리, 법률 규정에 의하여 대리인이 선임되는 것을 법정대리라고 한다. 양자는 복위임 및 대리권의 소멸사유에 있어서 구별된다. 또한 표현대리의 적용에 있어서도 양자를 구별할 필요성을 주장하는 학설이 있다.

2) 능동대리와 수동대리

대리인이 의사표시를 하는 경우의 대리를 능동대리,[1] 대리인이 상대방의 의사표의를 받는 경우의 대리를 수동대리[2]라고 한다. 민법은 의사표시를 단위로서 대리를 구상하고 있으므로, 예컨대 어떤 물건을 매각하는 대리권을 부여받은 자는 매매 신청에 있어서는 능동대리, 승낙에 있어서는 수동대리를 하게 된다. 그러나 일반적으로는 단순히 매매의 대리라고 표현하는 것으로 족하다.

---

1) 민법 제114조 1항 참조.
2) 민법 제114조 2항 참조.

3) 유권대리와 무권대리

대리인이라고 일컬으면서 행동하는 자가 정당한 대리권을 가지고 있느냐 아니냐에 의한 분류이다. 무권대리에는 다시 협의의 무권대리와 표현대리로 나눌 수 있다.

제2장 대리권

Ⅰ. 대리권의 의의 및 성질

대리인의 대리행위의 효과가 본인에게 귀속하기 위해서는 대리인이 당해 행위에 대하여 대리권을 갖지 않으면 안 된다. 대리권은 대리인의 법률행위의 효과가 본인에게 귀속하기 위한 요건이다. 대리권은 법률상 일정한 법률효과를 발생케 하는 능력 또는 자격이라는 것이 통설이다.

자격설 내지 능력설의 견지에서 대리권을 정의하면, 본인을 위하여 의사표시를 하거나 또는 받음으로써 본인에 관하여 법률효과를 발생케 하는 법률상의 자격이다. 대리인은 이러한 능력 내지 자격을 바탕으로 하여, 그의 의사표시의 효과를 본인에게 귀속하게 할 수 있는 법적 가능성 내지 법적 힘을 가지는 것이 된다.[3)]

---

3) 곽윤직, 민법총칙(제7판), 박영사, 2004, 259면.

Ⅱ. 대리권의 발생원인

1. 법정대리권의 발생원인

법정대리의 발생원인에는 여러 가지가 있다. 예컨대 본인에 대하여 일정한 지위에 있는 자가 당연히 대리인이 되는 경우,[4] 본인 이외의 사인의 협의·지정에 의하여 대리인이 되는 경우,[5] 법원이 대리인을 선임하는 경우[6] 등이 있다. 이 외 사무관리자에게 대리권을 긍정하는 견해에 의하면, 사무관리에 의하여 일종의 법정대리가 발생한다.

2. 임의대리권의 발생원인

1) 대리권수여행위

임의대리권은 본인에 의한 대리권수여행위에 기하여 발생한다. 대리권수여행위에 대하여는 서면 등의 방식은 요구되지 않으므로 구두로 하는 것으로도 족하다. 동거의 가족으로 본인의 사업을 돕

---

4) 예컨대 친권을 행하는 부모(민법 제909조 1항, 3항).
5) 예컨대 부모의 협의에 의하여 결정되는 친권자(민법 제909조 1항), 지정후견인(민법 제928조).
6) 예컨대 상속재산관리인(민법 제1053조), 부재자의 재산관리인(민법 22조, 23조).

고 있는 경우 등에 있어서는 묵시의 대리권수여가 있다고 판단되는 경우도 있다.

일반적으로는 위임장이라고 불리는 서면에 의하여 대리권이 수여된다. 이 서면을 제시함으로써 대리인은 대리행위를 행함에 있어서 상대방에 대하여 자신의 대리권을 설명하는 것이 용이하게 된다.

2) 대리권수여행위의 법적 성질

(1) 문제의 소재

임의대리권을 발생시키기 위하여 이를 위한 독립된 행위인 대리권수여행위일 것이 필요한지에 대해서는 논의가 있다. 보통 임의대리에 있어서는 본인과 대리인과의 사이에 내부관계로서 위임, 청부 등의 계약이 존재하고, 대리권은 이 계약들로부터 발생하는 위임자 등으로서의 대외적 사무처리 의무를 수행하기 위하여 수여되는 것이다.

이러한 내부적 계약과 대리권수여행위와의 관계를 관하여는 이러한 계약관계에 기하여 여러 사무를 처리하는 계약상의 의무가 발생하는 것과 동시에 대외적 행위에 불가결한 대리권도 직접 발생한다는 견해와 이러한 계약과 별개의 대리권수여행위가 행해졌다고 관념될 필요가 있다고 하는 견해가 있다. 후자는 다시 대리권수여행위를 계약이라고 보는 견해와 단독행위로 보는 견해로 나누어진다.[7)]

---

7) 山田卓生外, 民法Ⅰ総則(第3版補訂), 有斐閣, 2007, 163～164頁.

(2) 위임과 대리권수여행위

수권행위가 계약인가 단독행위인가를 논하는 실익은 대리권의 발생에 관하여 대리인이 될 자의 의사표시를 필요로 하는지의 여부, 수권에 있어서의 대리인의 의사표시에 어떤 흠이 있을 때 그것이 수권행위의 효력을 좌우하느냐를 좌우하는지의 여부를 결정하는 전제가 되는 데에 있다.[8)]

약설에 의하면, 본인과 대리인과의 사이에 위임계약 등의 사무처리에 관한 계약이 체결되는 것과 함께 대리권수여를 목적으로 하는 계약이 체결된다. 그러나 두 계약을 구별하는 것은 곤란하며, 구별하는 실익도 없다. 대리권은 사무처리계약에서 발생한다고 하면 충분할 것이다.

이에 대하여 단독행위설에서는 대리인 측의 행위능력의 제한이나 의사표시의 하자가 대리권수여행위의 효력에 영향을 끼치지 않기 때문에 대리거래에 있어서의 거래의 안전을 꾀할 수 있다는 장점이 있다.[9)]

3) 수권행위의 인정

(1) 위임장의 교부

대리권수여는 일반적으로 위임장의 교부를 수반한다. 위임장은 본인만이 서명날인하는 것이 통상으로, 위임계약 또는 수권계약의 증서라고 하는 것보다 오히려 대리권을 수요하였다고 하는 것의 증

8) 곽윤직, 앞의 책, 260면.
9) 四宮和夫・能見善久, 民法総則(第7版), 弘文堂, 2005, 271～271頁.

거로, 대리인이 거래를 하는 상대방에 향하여 하는 것이다. 따라서 위임장이 교부되어도 실제로는 대리권수여가 행해지지 않은 경우가 있는데, 이 경우의 상대방은 제109조의 표현대리에 의하여 보호된다.

(2) 백지위임장

위임장은 백지위임장이어도 상관없다. 백지위임장에는 정당하게 취득자라면 누구라도 행사해도 좋다고 하는 취지로 교부되는 경우와, 둘째 대리인과 상대방을 한정하는 취지로 교부되는 경우가 있다. 일반적으로 백지위임장은 후자의 경우가 많다.

(3) 대리권의 존부

대리권의 존부는 반드시 위임장에 의하여 인정되지 않으면 안 되는 것은 아니다. 본인과 같이 생활하거나 본인의 영업을 돕고 있는 가족원에 대해서는 묵시의 대리권수여행위가 있다고 인정되는 경우가 적지 않다.

4) 대리권수여행위의 효력

대리권수여행위의 효력은 본인과 대리인의 관계에 의하여 판정되고, 대리인의 대리행위의 상대방에 의하여 영향을 받지 않는다는 것이 원칙이지만, 예외를 인정하는 경우도 있다. 예컨대 본인 A가 대리인 B에 대하여 대리권수여의 의사표시를 진의가 아닌 의사표시에 의하여 행하고, 이에 기하여 B가 상대방 C와 대리행위를 한

경우에 C가 A의 진의를 안 때에는 대리권수여행위를 유효하게 할 필요는 없다.[10)]

대리권수여행위와 대리행위를 따로 생각하면 대리행위의 상대방 C의 사정을 대리권수여행위의 효력의 판단으로 고려해서는 안 되는 것이 되는데, 대리권수여는 대리행위를 하기 위한 전제로서, 양자를 완전히 분리하여 생각하는 것 자체가 타당하지 않다.[11)]

Ⅲ. 대리인의 의무 및 대리권의 범위

대리인은 신임관계에 기하여 타인의 의무를 처리하는 자로서, 대리행위를 행함에 있어서 다음의 의무가 요구된다.

1. 대리인의 의무

1) 선관주의의무

대리인은 선량한 관리자의 주의로써 대리행위를 하지 않으면 안 된다.[12)] 대리인이 선관주의의무에 위반하여 본인에게 손해를 끼친

---

10) 민법 제107조(진의 아닌 의사표시) ①의사표시는 표의자가 진의 아님을 알고 한 것이라도 그 효력이 있다. 그러나 상대방이 표의자의 진의 아님을 알았거나 이를 알 수 있었을 경우에는 무효로 한다.
②전항의 의사표시의 무효는 선의의 제3자에게 대항하지 못한다.

11) 四宮和夫・能見善久, 前揭, 273頁.

12) 민법 제681조(수임인의 선관의무) 수임인은 위임의 본지에 따라 선량한 관리자의 주의로써 위임사무를 처리하여야 한다.

경우에는 본인에 대하여 손해를 배상할 책임이 발생한다.

2) 충실의무

대리인은 오로지 본인의 이익을 위하여 행동해야 하며, 자기나 제3자의 이익을 위하여 행동해서는 안 된다. 또한 본인이 이익과 자기의 이익이 충돌하는 지위에 있어서는 안 된다. 이를 충실의무라고 한다. 쌍방대리, 자기계약의 금지나 이익상반행위의 금지는 충실의미를 구체화한 것이다.[13)]

3) 자기집행의무

대리인은 보조자를 행사하여도 좋으나, 대리행위 자체에 대해서까지 타인에게 하게 해서는 안 된다. 이를 자기집행의무라고 한다. 대리인은 본인으로부터 신뢰받아 대리행위를 하는 것을 위임받았다는 것으로부터 자기집행의무가 도출된다. 따라서 대리권의 양도는 특별히 허용된 경우 외에는 인정되지 않는다.

자기집행의무의 예외로서 인정되는 것이 복대리이다. 복대리인은 대리인이 그의 권한내의 행위를 행하게 하기 위하여 대리인 자신의 이름으로 선임한 본인의 대리인이다. 복대리인을 선임할 수 있는 권한을 복임권, 복대리인 선임행위를 복임행위라고 한다.

---

13) 민법 제124조(자기계약, 쌍방대리) 대리인은 본인의 허락이 없으면 본인을 위하여 자기와 법률행위를 하거나 동일한 법률행위에 관하여 당사자 쌍방을 대리하지 못한다. 그러나 채무의 이행은 할 수 있다.

(1) 임의대리에 있어서의 복대리

임의대리인은 본인의 신임을 얻어 대리인이 된 자이므로 특약이 있는 경우 외에는 '본인의 승낙'이 있거나 '부득이한 사유'가 있는 때가 아니면 복대리인을 선임할 수 없다.[14] '부득이한 사유'라는 것은 본인의 소재불명 등으로 본인의 승낙을 얻을 수 없거나 또는 사임할 수 없는 사정이 있는 것을 의미하는 것으로 해석되고 있다.[15]

임의대리인이 복대리인을 선임하는 때에는 본인에 대하여 그 선임 및 감독에 관하여 책임을 진다.[16] 즉, 적절하지 못한 자를 복대리인으로 선임하거나 또는 그 감독을 게을리 하여 본인에게 손해를 끼친 때에는 이를 배상할 책임이 있다. 그러나 대리인이 본인의 지명에 따라 복대리인을 선임한 경우에는 그 책임이 경감되어, 본인이 지명한 자가 부적임 또는 불성실함을 알면서도 본인에게 그 통지나 해임을 해태한 때에 한하여 책임을 진다.[17]

(2) 법정대리에 있어서의 복대리

법정대리인은 항상 복대리인을 선임할 수 있지만, 그 대신 선임

---

14) 제120조(임의대리인의 복임권) 대리권이 법률행위에 의하여 부여된 경우에는 대리인은 본인의 승낙이 있거나 부득이한 사유가 있는 때가 아니면 복대리인을 선임하지 못한다.

15) 곽윤직, 앞의 책, 264면.

16) 민법 제121조(임의대리인의 복대리인 선임의 책임) ①전조의 규정에 의하여 대리인이 복대리인을 선임한 때에는 본인에게 대하여 그 선임감독에 관한 책임이 있다.

17) 민법 제121조 ②대리인이 본인의 지명에 의하여 복대리인을 선임한 경우에는 그 부적임 또는 불성실함을 알고 본인에게 대한 통지나 그 해임을 태만한 때가 아니면 책임이 없다.

감독에 대한 과실 유무를 묻지 않고 모든 책임을 진다.[18] 부득이한 사유로 인하여 복대리인을 선임한 경우에는 임의대리에 있어서의 복대리와 마찬가지로 그 책임이 경감된다.

(3) 복대리인의 지위

복대리인은 대리인, 상대방 및 본인에 대하여 다음과 같은 법률관계에 서게 된다.

㈎ 대리인에 대한 관계

복대리인은 대리인의 복임권에 의하여 선임된 자이므로 대리인의 감독에 복종하며, 그 권한도 대리권의 범위 내에 한한다.[19] 따라서 대리인의 대리권보다 그 범위가 넓을 수 없다. 그러나 복대리인의 선임으로 대리인의 대리권은 소멸하지 않으며, 대리인과 복대리인은 모두 본인을 대리한다.

㈏ 상대방에 대한 관계

복대리인은 본인의 대리인이므로 상대방에 대하여는 대리인과 동일한 권리의무가 있다.[20] 따라서 복대리인은 본인의 이름으로 대리행위를 하여야 한다.[21]

---

18) 제122조(법정대리인의 복임권과 그 책임) 법정대리인은 그 책임으로 복대리인을 선임할 수 있다 그러나 부득이한 사유로 인한 때에는 전조 제1항에 정한 책임만이 있다.

19) 민법 제123조(복대리인의 권한) ①복대리인은 그 권한 내에서 본인을 대리한다.

20) 제123조 ②복대리인은 본인이나 제3자에 대하여 대리인과 동일한 권리의무가 있다.

21) 민법 제115조(본인을 위한 것임을 표시하지 아니한 행위) 대리인이 본인을

㈐ 본인에 대한 관계

복대리인은 본인에 대하여 대리인과 동일한 권리·의무가 있다.[22] 따라서 원대리인이 본인에 대하여 수임인이라는 내부관계가 있을 때에는 복대리인도 본인의 수임으로서의 권리·의무를 가지게 된다.

㈑ 복대리인의 복임권

복대리인은 임의대리인과 동일한 조건으로 선임권을 가진다는 것이 통설인 바, 원대리인의 종류 여하를 묻지 않고 민법 제120조에서 규정하고 있는 요건에 좇아 복임권을 가진다고 해석된다.[23]

2. 대리권의 범위

1) 원칙

(1) 법정대리권의 범위

법정대리의 범위에 관하여는 각종 법정대리인에 관하여 각각 규정[24]의 해석으로 그 범위가 결정된다.

위한 것임을 표시하지 아니한 때에는 그 의사표시는 자기를 위한 것으로 본다. 그러나 상대방이 대리인으로서 한 것임을 알았거나 알 수 있었을 때에는 전조 제1항의 규정을 준용한다.

22) 민법 제123조 2항.

23) 김주수, 민법총칙(제3판), 삼영사, 1991, 371면.

24) 민법 제25조, 제913조 이하, 제941조 이하, 제1101조 등 참조.

(2) 임의대리권의 범위

임의대리권의 범위는 수권행위에 의하여 정해진다. 본인은 일정한 사항을 한정하거나 또는 일정한 범위의 사항에 관형 포괄적으로 혹은 특정의 상대방을 한정하거나 그러한 제한 없이 대리권을 줄 수 있다. 그러므로 대리권의 범위는 결국 수권행위의 해석에 의하여 결정된다. 대리권의 범위는 상대방 및 제3자에게 미치는 영향이 크므로 수권행위의 해석은 신중해야 한다.[25)]

2) 대리권의 제한

(1) 자기계약 · 쌍방대리의 금지

대리인이 한편으로는 본인을 대리하면서 다른 한편으로는 자기 자신의 자격으로, 자기 혼자서 본인과 대리인 사이의 계약을 맺는 것이 자기계약이다. 예컨대 A의 대리인 B가 본인인 A와 자기 사이의 계약을 맺는 것이다.

쌍방대리란 대리인이 한편으로는 일방 본인을 대리하고, 다른 한편으로는 상대방 본인을 대리하여 혼자서 쌍방간의 법률행위를 하는 것을 말한다. 쌍방대리는 금지하는 것이 원칙이고 허용하는 것이 예외이다. 쌍방대리를 금지하는 이유는 대리인의 자의에 의하여 본인 중 일방의 이익을 해칠 우려가 있기 때문에 입법정책적으로 금지하는 것으로 해석하는 것이 통설의 입장이다.[26)]

자기계약이나 쌍방대리를 금지하는 이유는 이를 무제한으로 인정

---

25) 곽윤직, 앞의 책, 262면.
26) 문홍한, “쌍방대리”, 저스티스 409호, 302면.

하면 본인의 이익을 해할 우려가 있기 때문으로, 그러한 우려가 없다면 특별히 금지할 이유가 없게 된다. 즉 자기계약이나 쌍방대리라 하더라도 당사자 사이에 이해의 충돌이 없는 경우에는 본인의 이익을 해할 우려가 없으므로 다음의 경우는 인정된다.

① 본인이 미리 자기계약 혹은 쌍방대리를 허락하거나 또는 대리권을 주어서 인정한 경우에는 당해 대리는 유효하다.[27)]

② 채무의 이행에 관하여도 자기계약 혹은 쌍방대리가 허용된다.[28)] 채무의 이행에 의하여 새로운 이해관계가 생기게 되는 것이 아니고, 이미 성립하고 있는 이해관계의 결제에 지나지 않기 때문이다. 따라서 채무의 이행과 같은 것으로 볼 수 있는 경우에도 예외적으로 허용된다고 해야 한다.[29)]

민법 제124조에 위반하는 행위는 절대 무효가 아니라 무권대리행위이다. 따라서 본인에 대하여 당연히 효력을 발생하지는 않지만, 본인이 이를 사후에 추인하면 완전히 유효하게 된다.

자기계약 혹은 쌍방대리의 금지에 관한 민법 제124조는 법정대리와 임의대리 모두에 적용된다. 단 법정대리에 관하여는 본조와 같이 행위의 두 당사자를 대리하는 경우뿐만 아니라, 그밖에 법정대리인과 본인과의 이익이 상반하는 경우에도 대리권이 없다고 규정하는 경우가 많다.

27) 민법 제124조 본문.
28) 민법 제124조 단서.
29) 곽윤직, 앞의 책, 264면.

(2) 공동대리

대리인이 수인 있는 경우에 있어서의 각 대리인의 권한은 본인이 어떠한 대리권을 부여하였는가에 따라 결정된다. 복수의 대리인이 있어도 각 대리인이 다른 사항에 대하여 권한을 부여받은 경우에는 특별히 문제가 발생하지 않는다. 그러나 동일한 사항에 대하여 복수의 대리인이 대리권을 갖는 경우에는 각자 단독으로 대리행위를 할 수 있는지 아니면 공동으로 밖에 할 수 없는지의 문제가 있는데, 후자의 경우를 공동대리라고 한다.

복수의 대리인이 잇는 경우 그것이 공동대리인가 단독대리인가는 결국 법률의 규정 또는 수권행위의 해석에 의하여 정하여지는 것이지만, 공동대리로 한다는 것이 법률의 규정이나 수권행위에서 특별히 정하고 있지 않은 한 원칙적으로 단독대리이며, 대리인 각자가 혼자서 본인을 대리한다.[30)]

대리권수여행위의 내용 내지 그 해석으로부터 수인이 공동으로 하지 않으면 대리할 수 없는 경우에는 공동대리의 구속은 각 대리인에 있어서는 그 대리권의 제한으로 되므로, 대리인 중 1인이 단독으로 행한 대리행위의 효과는 본인에게 귀속하지 않는다. 공동대리에 의한 대리권의 행사방법의 제한을 알지 못한 상대방의 보호는 민법 제126조[31)]가 아닌 민법 제60조[32)]의 유추적용에 의하여 해결

---

30) 민법 제119조(각자대리) 대리인이 수인인 때에는 각자가 본인을 대리한다. 그러나 법률 또는 수권행위에 다른 정한 바가 있는 때에는 그러하지 아니하다.

31) 민법 제126조(권한을 넘은 표현대리) 대리인이 그 권한외의 법률행위를 한 경우에 제3자가 그 권한이 있다고 믿을 만한 정당한 이유가 있는 때에는 본인은 그 행위에 대하여 책임이 있다.

해야 할 것이다. 회사의 공동대표는 등기로 공시되는 것에 대하여, 민법상의 공동대리에 대하여는 공시할 수 없다는 것을 생각하면 통상의 표현대리 이상으로 상대방을 보호할 필요가 있기 때문이다.[33]

수동대리에 있어서도 상대방의 의사표시를 공동으로 받아야 하는가에 관하여, 다수설은 상대방의 보호와 거래상의 편리를 위하여 각 대리인이 단독으로 수령할 권한이 있다고 해석하지만, 민법은 공동대리를 능동대리에 한하여 인정하고 있지는 않으므로 이는 타당하지 않다.[34]

공동대리의 제한에 위반하여 복수의 대리인 중 1인이 단독으로 대리행위를 한 때에는 권한을 넘은 무권대리행위가 된다.

Ⅳ. 대리권의 소멸

대리권의 소멸원인에는 임의대리와 법정대리에 공통으로 적용되는 것과 이들 각각에 특유한 것이 있다. 그 중 법정대리에 특유한 소멸원인은 각 법정대리에 관하여 규정하고 있고, 총칙에는 법정대리와 임의대리 모두에 공통으로 적용되는 소멸원인과 임의대리에 특유한 소멸원인을 규정하고 있다.

---

32) 민법 제60조(이사의 대표권에 대한 제한의 대항요건) 이사의 대표권에 대한 제한은 등기하지 아니하면 제3자에게 대항하지 못한다.

33) 四宮和夫・能見善久, 前掲書, 279頁.

34) 곽윤직, 앞의 책, 265면.

1. 공통 소멸원인

1) 본인의 사망

임의대리와 법정대리에 공통으로 적용되는 대리권의 소멸사유이다. 임의대리의 경우 임의대리인은 본인으로부터 개인적인 신임을 얻어 대리인으로 된 것이기 때문에 본인의 사망 후 그 상속인에 대한 관계에서 대리인의 지위가 당연 계속되는 것은 적당하지 않기 때문이다. 이에는 다음의 예외가 있다.

① 임의대리에 있어서 그 기초가 되는 대내관계가 본인의 사망 후에도 계속하여 존속하는 경우에는 그 범위에서 대리권도 존속한다고 해석하여야 한다.

② 상법 제50조[35]는 상행위의 위임에 의한 대리권은 본인의 사망으로 소멸하지 않는다고 규정하고 있다. 이는 상행위의 대리는 본인과 대리인 사이의 개인적 신임관계를 기초로 한다기보다는 기업 중심의 신임관계이며, 본인의 기업을 상속하는 상속인을 위하여 그대로 대리인이 된다고 하는 것이 거래의 안전을 위해서도 적절하기 때문이다.

2) 대리인의 사망

임의대리에서는 본인이 대리인의 능력과 자질을 신뢰하여 대리권

35) 상법 제50조(대리권의 존속) 상행위의 위임에 의한 대리권은 본인의 사망으로 인하여 소멸하지 아니한다.

을 부여한 것이므로 그 대리인이 사망한 경우, 대리인의 상속인이 대리인의 지위를 당연 승계하는 것은 적당하지 않다. 따라서 대리인의 사망에 의하여 대리권이 소멸하는 것은 당연하다. 다만 대리인의 사망 후에도 대내관계의 존속을 인정하는 특수한 경우에는 본인의 사망에 있어서와 마찬가지로 다루어야 할 것이다.

3) 대리인의 금치산 또는 파산

금치산자도 의사능력만 있으면 임의대리인으로 할 수 있으며, 파산자도 마찬가지이다.[36] 법정대리인도 특별한 제한[37]이 없으면 그가 금치산자나 파산자라 하더라도 무방하다. 그러나 대리인인 자가 후에 금치산 또는 파산 선고를 받은 경우에는 대리권이 발생하는 기초가 되는 본인과 대리인 사이의 신임관계와 대리인의 경제적 신용이 사라진다고 할 수 있으므로 대리권도 소멸한다고 보아야 할 것이다.

---

36) 민법 제117조(대리인의 행위능력) 대리인은 행위능력자임을 요하지 아니한다.

37) 민법 제937조(후견인의 결격사유) 다음 각호에 해당한 자는 후견인이 되지 못한다.
   2. 금치산자, 한정치산자
   3. 파산선고를 받은 자

2. 임의대리 특유의 소멸원인

1) 원인된 법률관계의 종료

임의대리권은 그 원인이 된 법률관계의 종료에 의하여 소멸한다.[38] 본래 수권행위는 그 원인된 법률관계의 수단으로서 행해지는 것이 보통이므로 내부관계가 종료되면 대리권도 철회된다고 해석된다.

2) 수권행위의 철회

원인된 법률관계가 아직 존속하고 있더라도 본인은 수권행위를 철회하여 대리권을 소멸시킬 수 있다.[39] 철회의 상대방에 관하여는 정하고 있지 않으나, 대리인 또는 대리행위의 상대방이 제3자로 해석하는 것이 정당하다. 민법 제128조 후단은 임의규정으로, 원인된 법률관계의 종료 전에는 수권행위를 철회하지 않겠다는 특약은 원칙적으로 유효하다고 해석해야 한다.[40]

---

38) 민법 제128조(임의대리의 종료) 법률행위에 의하여 수여된 대리권은 전조의 경우 외에 그 원인된 법률관계의 종료에 의하여 소멸한다. 법률관계의 종료 전에 본인이 수권행위를 철회한 경우에도 같다.

39) 민법 제128조 후단.

40) 곽윤직, 앞의 책, 267면.

3. 법정대리 특유의 소멸원인

각각의 법정대리에 따라 다르다. 미성년자의 친권자·법정대리인에 있어서는 본인이 성년에 달하면 법정대리가 종료된다. 한정치산자·금치산자의 법정대리인에 있어서는 본인이 능력을 회복하는 때에 종료된다.

제3장 대리행위

Ⅰ. 대리행위의 의의

대리행위란 대리인이 행하는 의사표시로, 그 효과를 자기 자신이 아닌 타인에게 귀속시킬 것을 의도하는 의사표시이다. 여기에는 두 가지 측면이 있다.

첫째, 대리행위는 대리인의 의사표시로서 행해지는 것이므로 대리인에 대하여 의사표시의 유효요건 등을 판단하게 된다.

둘째, 대리인의 의사표시의 효과가 대리인이 아니라 본인에게 직접 귀속하게 되면 상대방의 기대를 해할 가능성이 있으므로 상대방에 대하여 의사표시의 효과가 대리인과는 별도의 본인에게 귀속한다는 것을 명시하지 않으면 안 된다. 이를 현명(顯名)이라고 한다. 즉 대리인이 단순히 내심의 의사로 본인에게 효과를 귀속시킨다고 생각하는 것만으로는 충분하지 않고, 본인을 위하여 행한다는 것을 표시하여야 한다. 이상의 요건을 충족한 대리행위는 대리권이 존재하는 경우에 본인에게 귀속된다.

대리에서는 실제로 의사표시를 하는 대리인과 그 효과가 귀속되는 본인으로 나누어져 있으므로 대리에 있어서의 행위자는 누구인가 하는 문제가 있는데, 추상적으로 행위자가 누구인가를 묻는 것은 적당하지 않고, 의사표시의 성립·내용, 의사표시의 하자 유무 등 각각의 문제에 대하여 누구를 기준으로 생각해야 하는가를 고려해야 할 것이다.[41]

Ⅱ. 대리행위의 성립요건

대리에 있어서 법률행위를 행하는 것은 대리인으로 본인은 단지 그 효과를 얻는 것에 지나지 않으므로 민법은 본인에 대하여는 의사표시의 성립요건이 구비될 필요가 없다는 입장을 취하고 있다.[42] 대리행위가 성립하기 위해서는 다음의 요건이 필요하다.

1. 대리인에 의한 의사표시

대리행위는 능동대리의 경우에는 대리인 자신이 그 내용을 결정하여 이를 표시한다. 수동대리의 경우에는 대리인이 상대방의 의사표시를 수령한다. 대리행위의 성립요건 내지 방식의 존부는 대리인 자신에 대하여 결정된다.

---

41) 四宮和夫·能見善久, 前揭書, 284頁.

42) 민법 제116조(대리행위의 하자) ①의사표시의 효력이 의사의 흠결, 사기, 강박 또는 어느 사정을 알았거나 과실로 알지 못한 것으로 인하여 영향을 받을 경우에 그 사실의 유무는 대리인을 표준하여 결정한다.

2. 현명

1) 현명의 원칙

대리에 있어서 행위의 당사자는 대리인과 상대방이다. 대리인의 행위가 대리행위로서 성립하려면 본인을 위한 것임을 표시하여야 한다. 이를 현명주의(顯名主義)라고 한다.[43]

2) 현명의 방법

'본인을 위한 것'임을 표시하여야 한다는 것은 그 행위의 법률적 효과를 본인에게 귀속시키려고 하는 의사를 표시하여야 한다는 것이다. 본인을 위한다는 것은 어디까지나 본인에게 효과를 귀속시키려는 의사이지 본인의 이익을 위하여서라는 뜻은 아니다. 따라서 대리인이 본인의 이익을 위하여서가 아니라 자신의 이익을 꾀하기 위하여 대리행위를 하는 때에도 대리의사는 있는 것이 되어 그 행위는 유효한 대리행위가 된다.

대리의사는 표시되어야 한다. 법률효과가 직접 본인에게 귀속한다는 대리의 효과는 대리인의 대리적 효과의사에 의하여 주어지는 것이기 때문이다. 그러한 대리의사의 표시 유무는 의사표시 해석의 일반원칙에 의하게 되면 모든 사정으로부터 판단하여 그 취지가 밝

43) 민법 제114조(대리행위의 효력) ①대리인이 그 권한 내에서 본인을 위한 것임을 표시한 의사표시는 직접 본인에게 대하여 효력이 생긴다.
②전항의 규정은 대리인에게 대한 제3자의 의사표시에 준용한다.

혀지면 된다.

대리의사의 가장 보통의 표시방법은 'A의 대리인 B'라고 하는 것이나, 반드시 그러한 형식으로 본인의 성명을 분명하게 밝혀야 하는 것은 아니다. 본인이 이름이 분명하게 밝혀져 있지 않더라도 회사명이나 직명을 적는 등 주위의 사정으로부터 본인이 누구인지를 알 수 있으면 된다.

대리인이 자신의 이름을 표시하지 않고 마치 본인 자신이 하는 것과 같은 외관으로 행위를 하는 경우가 많은데, 이러한 경우에도 대리인에게 대리의사가 있는 것으로 인정되는 한 유효한 대리행위로 보아야 할 것이다.

수동대리에 있어서는 상대방 측에서 본인에 대한 의사표시임을 표시하여야 한다고 해석된다.[44]

3) 대리인이 현명하지 않은 경우

대리의사가 표시되지 않은 대리인의 의사표시는 그 대리인 자신을 위하여 한 것으로 한 것으로 본다.[45] 따라서 대리인은 그의 의사와 표시가 일치하지 않는다는 것을 이유로 착오를 주장할 수 없다.

본조는 대리인이 착오를 주장하지 못하게 함으로써 상대방이 받게 될 예측하지 못한 손해를 방지하고, 거래의 안전을 꾀하려는 것이므로 상대방이 대리인으로서 한 것임을 알았거나 알 수 있었을

44) 곽윤직, 앞의 책, 268~269면.
45) 민법 제115조 본문.

때에는 그 의사표시는 대리행위로서 효력이 발생한다.[46)]

민법 제115조는 수동대리에는 적용이 없으므로 상대방이 본인에게 효과를 미칠 의사가 있으나, 이를 표시하지 않고서 대리인에게 의사표시를 한 때에는 의사표시 해석의 문제로서 처리하게 된다. 일반적으로는 효력이 발생하지 않는다.[47)]

4) 민법의 원칙에 대한 예외

비개성적인 상거래에 대하여는 민법의 예외가 규정되고 있다. 상행위의 대리에서는 현명(顯名)이 없어도 원칙적으로 본인에게 효과가 미친다. 단 상대방이 본인을 위하여 행하였다는 것을 알지 못한 때에는 그러하지 않다.[48)]

Ⅲ. 대리행위의 유효요건

1. 대리행위의 하자

의사표시의 효력이 행위자의 주관적 사정에 의하여 영향을 받는

46) 민법 제115조 단서.
47) 곽윤직, 앞의 책, 269면.
48) 상법 제48조(대리의 방식) 상행위의 대리인이 본인을 위한 것임을 표시하지 아니하여도 그 행위는 본인에 대하여 효력이 있다. 그러나 상대방이 본인을 위한 것임을 알지 못한 때에는 대리인에 대하여도 이 이행의 청구를 할 수 있다.

경우에 그 사정의 존부는 먼저 대리인 자신에 대하여 정하여야 한다.[49] 그러나 대리권수여행위는 임의대리에 있어서 누리는 역할의 중요성 및 대리행위의 효과가 모든 본인에게 귀속한다는 것을 생각하면, 임의대리에 관하여는 본인의 주관적 용태가 대리행위의 효력에 영향을 끼치는 것을 인정해야 한다.[50]

대리에 있어서 본인은 법률행위의 당사자는 아니지만 법률효과는 본인에게 직접 귀속하므로 선의・악의가 법률행위의 효력에 영향을 미치는 경우에는 대리인이 선의라도 본인이 악의이면 선의의 보호를 받지 못한다.[51]

2. 대리인의 능력

1) 대리행위를 위한 능력

대리인은 법률행위를 행하므로 의사능력이 필요하다. 그러나 행위능력은 필요하지 않다.[52]

민법 제117조는 임의대리 뿐만 아니라 법정대리에도 적용된다. 그러나 법정대리인은 본인이 스스로 선임하는 것이 아니므로 임의대리 경우와는 그 사정이 다르다. 민법은 본인의 이익을 보호하기

---

49) 민법 제116조.
50) 四宮和夫・能見善久, 前掲書, 287頁.
51) 민법 제116조 ②특정한 법률행위를 위임한 경우에 대리인이 본인의 지시에 좇아 그 행위를 한 때에는 본인은 자기가 안 사정 또는 과실로 인하여 알지 못한 사정에 관하여 대리인의 부지를 주장하지 못한다.
52) 민법 제117조.

위하여 무능력자가 법정대리인이 되는 것을 금지하는 규정을 두는 경우가 있다. 이러한 제한이 없는 경우에는 무능력자도 법정대리인이 될 수 있을 것이다.

2) 무능력자인 대리인과 본인과의 관계

민법 제117조는 대리인이 무능력자라는 것을 이유로 그의 대리행위를 취소하지 못한다는 것일 뿐으로, 본인과 대리인 사이의 내부관계인 대리권수여행위가 대리인의 무능력으로 그 영향을 받아 효력을 잃게 되는가의 여부에 관한 것은 아니다.

수권행위 자체의 효력에 관하여 그것을 일종의 무명계약(無名契約)으로 보는 소수설은 미성년자나 한정치산자는 이를 취소하지 못한다고 함으로써 타당한 결과를 얻으려고 한다. 그 이유는 그 수권계약이 대리인에게 아무런 구속이나 불이익을 주는 것이 아니기 때문이다. 그러나 금치산자에 관하여는 이를 적용할 수 없으므로 대리행위는 소급적으로 무권대리가 되고, 상대방 등의 보호는 표현대리에 의한다고 한다. 그러나 단독행위설을 취하는 다수설에 의하면, 금치산자도 취소하지 못하게 되므로 가장 타당한 결과를 얻을 수 있게 된다. 본인과 대리인 사이의 기초적 내부관계는 어느 설을 취하든 같은 결론에 도달한다.

수권행위와 원인된 법률관계와의 관계에 관하여 무인설(無因說)을 취하면, 기초적 내부관계가 대리인의 무능력을 이유로 효력을 잃더라도 수권행위 자체의 효력에는 영향이 없다. 다만 보통은 기초적 내부관계가 종료되면 수권행위의 철회가 있는 것으로 보게 되므로 기초적 관계가 취소되더라도 수권행위가 소급적으로 효력을 잃는 일은 없다. 그러나 유인설(有因說)을 취하면, 기초적 관계가 효력을 잃으면 당연히 수권행위도 효력을 잃게 되기 때문에 기초적 관계가 취소되면 수권행위도 소급적으로 당연히 효력을 잃게 된다.[53)]

Ⅳ. 대리의 효과

1. 법률효과의 본인에의 귀속

대리행위의 효과는 모두 본인에게 귀속된다. 당사자가 의사표시 내지 법률행위에 의하여 달성하려고 한 법률효과 외에 취소권 등 법률행위의 당사자로서의 지위도 본인에게 귀속된다.

대리행위의 본래의 효과는 아니지만 대리인에 대한 불법행위는 본인에 대한 불법행위가 된다. 또한 대리인의 불법행위는 본인의 불법행위로 평가되는 경우가 있다. 본인 대리인 사이에 사용자・피용자의 관계가 있으면 그 내부관계에 의하여 본인이 사용자로서 불법행위 책임을 지는 경우가 있다.[54)]

---

53) 곽윤직, 앞의 책, 271～272면.

54) 민법 제756조(사용자의 배상책임) ①타인을 사용하여 어느 사무에 종사하게 한 자는 피용자가 그 사무집행에 관하여 제3자에게 가한 손해를 배상할 책임이 있다. 그러나 사용자가 피용자의 선임 및 그 사무감독에 상당한 주의를 한 때 또는 상당한 주의를 하여도 손해가 있을 경우에는 그러하지 아니하다.

2. 본인의 능력

본인은 스스로 법률행위 내지 의사표시를 하는 것이 아니므로 의사능력 및 행위능력을 요하지 않는다. 그러나 대리행위의 효과는 직접 본인에게 귀속하므로 권리능력은 반드시 가지고 있어야 한다.

본인이 수권행위를 하기 위하여 어떠한 능력을 필요로 하는 것은 별개의 문제이다. 수권행위가 취소되면 대리권은 소급적으로 소멸하며, 이 결과는 계약설을 취하든 단독행위설을 취하든 마찬가지이다.[55]

55) 곽윤직, 앞의 책, 272～273면.

제4장 표현대리

Ⅰ. 표현대리의 의의 및 법적 성질

1. 표현대리의 의의

표현대리란 대리권이 없이 행한 대리행위 중에서 마치 대리권이 없는 것과 같은 외관이 있고, 그 외관의 형성에 본인이 어느 정도의 원인을 제공하고 있는 경우에 본인에게 그 무권대리행위에 대하여 책임을 지도록 하는 제도이다.

표현대리제도 본래는 무권대리행위에 지나지 않는 경우에 있어서 무권대리인과 본인 간에 특수한 관계가 있을 때에 무권대리인을 진실한 대리인으로 오신(誤信)하여 거래한 상대방을 보호하고 거래의 안전을 도모하기 위하여 그 무권대리행위를 마치 정당한 대리행위의 경우와 같이 본인에 대하여 효력을 발생시키는 제도이다. 따라서 표현대리가 성립하기 위해서는 한 면에서는 그 이익이 마땅히 보호되어야 할 만한 합리적인 이유가 있을 것과 동시에 다른 면에서는 본인측으로서도 상대방의 이익을 위하여 자기의 이익을 희생시키지 않을 수 없을 만한 사정이 있을 것이 필요하다.

그러나 표현대리에 관한 실정규정이 나타내는 판단기준은 극히 추상적인 것이기 때문에 표현대리제도에 관한 해석론은 무엇보다도 구체적인 사안에 있어서 그 요건충족이 있었는가의 여부를 판정함으로써 전개되지 않으면 안 된다.[56)]

표현대리가 성립하려면 마치 대리권이 있는 것처럼 보이는 사정, 즉 '외관'이 있어야 하는데, 민법은 다음과 같은 세 가지의 경우에 그러한 사정이 있는 것으로 규정하고 있다.

첫째, 제3자에 대하여 타인에게 대리권을 수여함을 표시한 경우,[57)]

둘째, 대리인이 그 권한 밖의 법률행위를 한 경우, [58)]

셋째, 대리권이 소멸한 경우[59)]가 그것이다.

이러한 표현대리의 경우에는 본인은 표현대리행위에 대하여 책임을 지게 된다. 즉 선의의 제3자는 본인에 대하여 그 법률효과의 발생을 주장할 수 있다.

---

56) 김용한, "표현대리론 (1)", 법조 19권 7호, 24면.

57) 민법 제125조(대리권수여의 표시에 의한 표현대리) 제3자에 대하여 타인에게 대리권을 수여함을 표시한 자는 그 대리권의 범위 내에서 행한 그 타인과 그 제3자 간의 법률행위에 대하여 책임이 있다. 그러나 제3자가 대리권 없음을 알았거나 알 수 있었을 때에는 그러하지 아니하다.

58) 민법 제126조(권한을 넘은 표현대리) 대리인이 그 권한외의 법률행위를 한 경우에 제3자가 그 권한이 있다고 믿을 만한 정당한 이유가 있는 때에는 본인은 그 행위에 대하여 책임이 있다.

59) 민법 제127조(대리권의 소멸사유) 대리권은 다음 각호의 사유로 소멸한다.
1. 본인의 사망
2. 대리인의 사망, 금치산 또는 파산

2. 표현대리의 법적 성질

1) 통설

통설은 표현대리를 무권대리의 일종으로 보고 있다. 즉 표현대리는 자칭 대리인에게 대리권이 없음에도 불구하고 마치 그것이 있는 것과 같은 외관이 있고, 또 본인이 그러한 외관의 발생에 관하여 어느 정도의 원인을 제공하고 있는 경우에 그 무권대리행위에 대하여 본인이 책임을 지게 함으로써 그러한 외관을 신뢰한 선의 무과실의 제3자를 보호하고, 거래의 안전을 보장하며, 나아가 대리제도의 신용을 유지하기 위한 것이라고 한다.[60)]

2) 소수설

소수설은 표현대리를 유권대리의 아종(亞種)으로 보고 있다. 즉 수권행위는 내부적 수권행위와 외부적 수권행위로 구별되는데, 표현대리의 경우에는 내부적 수권은 존재하지 않으나 외부적 수권은 존재한다고 보고, 표현대리는 외부적 수권의 효과이므로 무권대리의 일종이 아니라 유권대리의 아종이라고 한다.[61)]

---

60) 곽윤직, 앞의 책, 277면; 김준호, 민법총칙-이론과 사례-(1999), 법문사, 435면; 김증한·김학동, 민법총칙(제9판, 1995), 박영사, 436.

61) 이영준, 민법총칙, 박영사, 1987, 581면.

3) 학설의 검토

통설은 표현대리에 대한 본인의 책임을 외관을 신뢰한 제3자, 즉 거래의 안전을 보호하기 위하여 법률이 특별히 인정한 책임이라고 보는 것에 대하여, 소수설은 외부적 수권의 효과, 즉 의사표시의 효과라고 보고 있다.[62] 소수설은 대리권은 그 존재를 상대방에게 표시하지 않는 한 상대방에 대하여는 아무런 의미가 없다고 하지만, 대리권의 수여와 대리권의 존재의 표시와는 다르기 때문에 대리권이 수여된 경우에는 그 대리권의 존재가 상대방에게 표시되지 않더라도 그 대리권은 일정한 의미를 가진다고 해야 할 것이다.[63] 예컨대 본인이나 대리인이 상대방에게 대리권의 존재를 표시하지 않았다고 하더라도 상대방이 그것을 알고서 그 대리인과 법률행위를 하였다면 그것은 유효한 대리행위가 된다.

소수설은 수권행위를 내부적 수권행위와 외부적 수권행위로 구별하여 표현대리의 경우에는 내부적 수권은 존재하지 않으나 외부적 수권은 존재한다고 보고 있다.[64] 따라서 표현대리의 효과는 내부적으로 존재하지 않는 수권, 즉 무권대리에 대한 책임이 아니라 완전하지는 않지만 외부적으로 존재하는 수권, 즉 유권대리에 대한 책임이라고 한다.

그러나 우리 민법에 있어서 이른바 '외부적 수권행위'라는 개념을 인정할 필요가 있는지는 의문이다. 본인이 타인에게 이미 대리권을 수여하였음을 알린 경우나 타인이 자기의 대리인으로 행위하는 것

62) 이영준, 앞의 책, 580～581면.
63) 권오승, "표현대리의 본질", 고시연구 17권 6호, 16면.
64) 이영준, 앞의 책, 581면.

을 알면서 이를 묵인·방치한 경우에는 대리권을 수여하는 의사표시가 있다고 하기가 곤란하다. 그리고 본인이 타인에게 대리권을 수여한다는 말을 상대방에게 한 경우에도 이는 수권행위의 통지로 이해하면 충분하기 때문에 외부적 수권행위라는 개념을 필요로 하지 않는다. 따라서 우리 민법의 경우에는 굳이 외부적 수권행위라는 개념을 사용할 필요가 없다고 해야 할 것이다.[65)]

소수설은 통상적인 유권대리에 있어서는 내부적 수권과 외부적 수권이 모두 존재하고 무권대리에 있어서는 양자가 모두 존재하지 않지만, 표현대리에 있어서는 내부적 수권은 존재하지 않고 외부적 수권은 존재한다고 설명하고 있다.[66)] 그러나 이러한 설명은 사실과 다르다. 우선 유권대리의 경우에도 내부적 수권은 존재하지만 외부적 수권이 없는 경우도 얼마든지 있을 수 있고, 무권대리의 경우에도 내부적 수권은 존재하지 않으나 외부적 수권은 존재하는 경우도 있을 수 있다. 그리고 표현대리의 경우에도 내부적 수권과 외부적 수권이 모두 존재하지만 외부적 수권의 범위가 내부적 수권의 범위보다 넓은 경우도 있을 수 있다.[67)]

소수설은 표현대리를 권리외관책임으로 보게 되면 제3자를 지나치게 보호하는 반면에 본인에게는 예측하지 못한 손해를 주게 되는데, 이것은 동적 안전보다 구체적 타당성을 우위로 하고 있는 우리 민법의 체계에 맞지 않는다고 한다.[68)]

그런데 우린 민법이 동적 안전보다 구체적 타당성을 중시하고 있

---

65) 김학동, "표현대리책임의 법적성질", 고시연구 16권 11호, 40~41면.
66) 이영준, 앞의 책, 581면.
67) 권오승, 앞의 논문, 17면.
68) 이영준, 앞의 책, 581면.

다고 일반적으로 이야기할 수 있는지는 의문이며, 또한 통설을 따른다고 하여 소수설을 따르는 경우보다 반드시 제3자에게 더욱 유리하게 되고, 그 반면에 본인에게 더욱 불리하게 되는 것은 아니다. 왜냐하면 제3자가 보호되는 범위는 통설을 따르느냐 소수설을 따르느냐에 따라 결정되는 것이 아니라 표현대리의 요건을 어떻게 파악할 것이냐에 따라 결정되기 때문이다.[69] 예컨대 소수설을 취하면서 의사표시에 관하여 극단적인 표시주의를 따르게 되면 통설을 따르면서 외관의 형성에 관하여 과실주의를 취하는 경우보다 본인의 책임이 훨씬 쉽게 인정된다.

그러므로 표현대리를 외부적 수권의 효과로 보는 소수설은 타당하지 않고 외관을 신뢰한 제3자, 즉 거래의 안전을 보호하기 위한 제도라고 보고 있는 통설이 타당하다고 생각된다.

4) 판례

표현대리가 무권대리인지 유권대리인지를 정면으로 다루고 있는 판례는 보이지 않는다. 그러나 유권대리에 관한 주장 속에 표현대리에 관한 주장이 포함되는지의 여부를 판단함에 있어서, 「유권대리에 있어서는 본인이 대리인에게 수여한 대리권의 효력에 의하여 법률효과가 발생하는 반면 표현대리에 있어서는 대리권이 없음에도 불구하고 법률이 특히 거래상대방 보호와 거래안전유지를 위하여 본래 무효인 무권대리행위의 효과를 본인에게 미치게 한 것으로서 표현대리가 성립된다고 하여 무권대리의 성질이 유권대리로 전환되

---

69) 김학동, "표현대리책임의 법적 성질", 고시연구(1989.10), 34~35면.

는 것은 아니므로 양자의 구성요건 해당사실, 즉 주요 사실은 다르다고 볼 수밖에 없으니 유권대리에 관한 주장 속에 무권대리에 속하는 표현대리의 주장이 포함되어 있다고 볼 수 없다」고 하여 표현대리가 유권대리 또는 유권대리의 아종이 아니라 무권대리의 일종임을 간접적으로 밝히고 있다.[70)]

5) 의사책임인가 법정책임인가

표현대리에 대한 본인의 책임이 의사책임인지 법정책임인지에 대하여도 견해가 대립하고 있다. 통설은 외관을 신뢰한 상대방, 즉 거래의 안전을 보호하고 대리제도의 신용을 유지하기 위하여 民法이 특별히 규정한 책임이라고 보기 때문에 이것은 법정책임이 된다.[71)] 소수설에 의하면 표현대리를 외부적 수권의 효과라고 보기 때문에 이것은 의사책임이 된다.[72)]

3. 법률외관책임의 근거

1) 법률외관책임의 의의

본인이 표현대리행위에 대하여 책임을 지는 이유에 대하여, 통설은 외관을 신뢰한 상대방을 보호하고 거래의 안전을 보장하며, 나

---

70) 대법원 1983.12.13. 선고 83다카1489 전원합의체 판결.
71) 곽윤직, 앞의 책, 277면.
72) 이영준, 앞의 책, 581면.

아가 대리제도의 신용을 유지하기 위한 것이라고 한다.[73)]

판례도 「표현대리의 법칙은 거래의 안전을 위하여서는 어떠한 표현적 사실을 야기하는데 원인을 준 자는 그 표현적 사실을 믿음이 있어 정당한 사유가 있다고 인정되는 자에 대하여는 책임이 있다는 일반적인 권리 표현이론에 그 기초를 두고 있는 것이므로 대리인이 아니고 사실 행위를 위한 사자라 하더라도 외관상 그에게 어떠한 권한이 있는 것 같은 표시 내지 행동이 있어 상대방이 그를 믿었고 또 그를 믿음에 있어 정당한 사유가 있었다면 표현대리의 법리에 의하여 본인에게 책임지워 상대방을 보호하여야 할 것이다」라고 하고 있다.[74)]

그러나 소수설은 표현대리는 거래의 안전을 보호하기 위하여 외관에 대하여 본인의 책임을 인정하는 것이 아니라, 외부적 수권에 대하여 본인의 책임을 인정하는 것이라고 한다. 따라서 그것은 외관의 형성에 대한 책임이 아니라 의사표시의 효과라고 한다.[75)]

표현대리에 대하여 본인이 책임을 지는 이유는 외관을 신뢰한 제3자, 즉 거래의 안전을 보호하고 나아가 대리제도의 신용을 유지하기 위한 것이라고 하여야 할 것이다. 본인은 대리제도를 이용하여 그의 활동범위를 넓히고 있기 때문에 그로 인한 이익을 누리는 동시에 위험도 부담하여야 한다. 표현대리가 인정되는 범위에 있어서는 본인이 일정한 불이익을 받는 것이 사실이지만, 이러한 불이익은 본인이 대리제도를 이용하여 얻는 이익에 의하여 충분히 보상될

---

73) 곽윤직, 앞의 책, 277면.
74) 대법원 1962.2.8. 선고 4294민상192 판결.
75) 이영준, 앞의 책, 581면.

수 있기 때문에 대리제도 전체를 놓고 보면 본인에게 표현대리에 대한 책임을 인정한다고 하여 본인에게 특별히 불리할 것은 없을 것이다.[76]

2) 법률외관책임의 성립요건

(1) 객관적 요건

법률외관책임의 성립요건은 크게 객관적 요건과 주관적 요건으로 나누어 볼 수 있다. 법률외관책임이 인정되기 위해서는 그 신뢰가 정당한 것이어야 하는 바, 이를 위해서는 이러한 신뢰가 일정한 법적 상태가 존재하는 것과 같은 객관적 사정에 기초하여야 한다. 이와 같이 신뢰를 정당화하는 법률외관의 사실적 기반을 객관적 성립요건이라고 하겠다.

객관적 요건의 내용은 책임귀속자의 행위 기타 구체적 사정에 따라 여러 가지가 있을 수 있으며, 이는 정당한 신뢰의 객관적 기반을 이룰 뿐만 아니라 주관적 요건과도 밀접한 관련을 갖는다. 즉 신뢰자의 선의·과실여부나 본인의 귀책성도 법률외관의 객관적 존재를 기준으로 정하여 진다. 예컨대 신뢰의 객관적 기반이 강하면 상대방의 보호요건이나 본인의 귀책성은 쉽게 인정될 수 있으나, 반대의 경우 상대방의 무과실이나 본인의 귀책성이 인정되기는 어려울 것이다. 따라서 객관적 요건으로서의 법률외관의 존재는 신뢰책임의 구성요건의 기반을 이루는 것으로 이에 대한 신중한 검토가 필요하다.

---

76) 권오승, 앞의 논문, 17면.

이러한 객관적 요건에 있어서 문제되는 것은 다음과 같다.

첫째, 법률외관은 현존하는 법률상태에 관한 것이어야 한다. 왜냐하면, 장래의 법률상태 발생에 대한 신뢰는 단지 법률상태의 개연성에 대한 것이고, 일정한 법률외관이 존재한다고 볼 수 없기 때문이다.

둘째, 이러한 법률외관은 법적으로 가능한 것을 내용으로 하여야 한다. 법적으로 불가능한 것을 신뢰한다고 하여도 이는 인정될 수 없다.

셋째, 법률외관의 신뢰가 보호받기 위해서는 이러한 법률외관의 존재가 책임귀속자의 행동에 기초한 것이어야 한다. 예컨대 어떤 자가 대리권을 가졌다고 주장하는 경우에도 신뢰의 객관적 기반이 존재한다고 할 수 있다. 그러나 이러한 경우 제3자는 자칭대리인과의 관계에서만 보호된다. 이와 같이 제3자가 본인에게 신뢰책임을 묻기 위해서는 법률외관의 존재가 본인의 행동에 기초함을 요한다.

법률외관책임의 객관적 성립요건은 인위적 구성요건과 자연적 구성요건으로 나눌 수 있는 바, 이는 매우 중요한 의미를 갖는 구분이다. 전자는 각종의 등기와 같이 법률제도에 의하여 신뢰의 객관적 기반이 형성된 것이고, 후자는 법률에 의하지 않고 자연스럽게 신뢰의 기반이 형성된 것, 즉 물건의 점유, 구두나 문서에 의한 표시와 같은 일반적인 인간의 행동 등을 말한다. 객관적 요건이 이중 어디에 속하느냐에 따라 여러 면에서 차이가 난다.

첫째, 전자에 있어서는 법률외관의 존재와 신뢰의 정도가 법률에 의하여 정하여 진다. 즉 일정한 사항의 등기에 의하여 법률외관의 객관적 요건이 충족되며 제3자는 등기된 사항의 진실여부를 조사할 필요 없이 등기를 신뢰함으로써 보호된다. 그러나 후자에 있어서는 이러한 점들이 책임귀속자의 행동에 대한 일반해석 원칙에 의하여 구체적 사정을 고려하여 판단된다.

둘째, 일단 성립된 객관적 요건의 존속기간이 달라진다. 전자에 있어서는 등기가 존재하는 한 법률외관은 존속되고 등기의 말소로 법률외관은 제거된다. 후자에 있어서는 법률외관을 낳게 한 표시나 행동과 동일한 방법으로 반대의 표시나 행동에 의하여 법률외관은 제거된다.

셋째, 전자의 경우에는 후자와는 달리 본인의 귀책성이 요구되지 않는다. 즉 인위적 구성요건이 존재하면 본인의 귀책성은 당연히 인정되는 것이다.[77]

(2) 주관적 요건

위와 같은 객관적 요건은 어떠한 객관적 사정이 있는 경우 법률외관책임이 인정되는가를 의미할 뿐이다. 그밖에도 당사자의 주관적 요건으로서 신뢰 야기자의 귀책성과 상대방의 보호요건이 요구된다.

어떠한 경우 귀책성을 인정할 것인가에 관하여는 학설이 나누인다. 법률외관이론을 최초로 주장한 학자들은 법률외관이 당사자의 관여에 의하여 이루어지기만 하면 그 책임이 인정된다고 하였다. 이 야기주의에 의하면 법률외관의 형성에 원인을 준 자는 무조건

77) 이용박, 표현대리의 법리에 관한 연구 - 법률외관이론에 의한 체계적 해석이론 제시를 중심으로 -, 동국대학교 박사학위 논문, 1990, 78～79면.

책임을 지게 된다. 이는 순수한 인과적 책임으로서 책임인정의 일반적 기준이라 할 귀책성 원칙, 즉 잘못이 있는 경우에만 책임을 진다는 기본원칙에서 벗어난 것이다.

이러한 야기주의의 부당성을 극복하기 위해 제기된 것이 이른바 과실주의이다. 과실주의는 책임귀속자에게 주의의무가 있음을 전제하고 과실이 있는 경우에만 책임을 인정함으로써 본인의 보호에는 충실할 수 있으나, 상대방은 본인의 법률외관작성에 있어서의 주의의무위반, 즉 과실이 구체적 사실로 입증되어야만 보호를 받게 된다. 이렇게 되면 법률외관에 대한 정당한 신뢰를 충분히 보호할 수 없으며, 거래보호에 중대한 결함을 낳게 된다.

이와 같은 귀책성에 관한 야기주의나 과실주의의 단점을 치료하고, 위험분배의 사상에 기초하여 제시된 것이 위험주의이다. 이는 자기의 위험영역 내에서 법률외관이 형성되었고, 제3자가 이를 정당히 신뢰한 경우에는 본인의 과실유무를 불문하고 그 책임이 인정된다는 것이다. 즉 책임귀속자가 자기의 행동이 거래사회에서 갖는 전형적 의미를 인식치 못하고 그러한 행동을 하여 신뢰를 야기한 경우 또는 책임귀속자가 상인적 특수한 조직을 갖춘 사업을 하는 이상 일정한 법률외관의 위험이 그러한 조직에 수반되는 경우에 책임이 인정된다.

외관작성자의 귀책성에 대하여는 일반적으로 위험주의가 타당할 것이다, 실제의 경우에는 전술한 객관적 요건인 법률외관의 내용이 어떠한 것이냐에 따라 많은 차이가 있을 수 있으며, 이는 거래관계에서 나타난 구체적 사정을 모두 참작하여 판단될 문제이다.

법률외관책임의 주관적 요건으로서는 책임귀속자의 귀책성 외에 신뢰자의 보호요건이 필요하다. 이러한 신뢰자의 보호요건은 바로 법률외관에 대한 신뢰가 정당한 것임을 의미한다.

정당한 「신뢰」라는 개념과 관련하여 우선 명백히 하여 둘 것은 이것이 단지 심리적 문제에 속하는 것이 아니라 법적 규범의 문제에 속한다는 점이다. 따라서 법규범은 경우에 따라서는 사실상의 신뢰여부를 고려하지 않고 일정한 사정이 있는 경우 신뢰가 정당한 것으로 전형화(典刑化)할 수도 있고, 반대로 부수적인 다른 요건이 충족된 경우에만 사실상의 신뢰를 보호가치 있는 것으로 평가할 수도 있다. 신뢰자의 보호요건, 즉 신뢰의 정당성 문제로서 기본적으로 고려될 것은 상대방의 선의 또는 선의·무과실이다.

상대방이 법률외관의 비진실성을 간파하고 있었던 경우 이러한 자를 보호할 필요가 없음은 물론이다. 따라서 상대방이 악의인 때에는 보호되지 않으며, 상대방이 선의인 경우에만 법률외관책임은 문제될 수 있다. 그러나 상대방이 선의인 경우, 즉 법률외관을 진실된 법상태로 오인한 경우 이러한 자가 언제나 보호되는 것은 아니다. 거래의 형태나 법률외관의 내용에 따라서는 일정한 외관을 신뢰하는 데에 선의·무과실을 요구할 수도 있다.

어떠한 경우 선의만이 요구되며, 어떠한 경우 선의·무과실이 필요한가는 일차적으로 실정법에 의하여 결정된다. 법률외관이 인위적 구성요건인 등기의 경우에는 선의만으로 충분하다. 현행 민법에서는 제3자가 선의·무과실인 경우에만 표현대리책임이 인정된다. 이와 같이 법률규정이 없는 경우에는 거래의 형태 및 법률외관의 구체적 내용을 고려하여 개별적으로 판단하여야 할 것이다.[78)]

---

78) 이용박, 앞의 논문, 80∼82면.

3) 법률외관책임의 효과

법률외관책임의 성립요건이 갖추어지면 법률외관은 진실된 법률사실로 취급되어 정당한 신뢰자는 이러한 거래행위로부터 완전한 권리를 취득한다. 또한 법률외관책임은 원칙적으로 정당한 신뢰자를 보호하려는 것이기 때문에 신뢰자만이 이러한 법률효과를 주장할 수 있고, 신뢰 야기자는 이를 주장할 수 없다.

예컨대 표현대리는 제3자만이 그 성립을 주장할 수 있는 것이지 본인이 이를 주장할 수는 없는 것이다. 그러나 신뢰자가 법률외관책임을 주장하여 이행청구권을 행사한 경우에는 신뢰책임 귀속자도 계약의 유효성을 원용할 수 있다. 즉 자신의 반대급부청구권을 행사하거나 계약상의 항변권도 행사할 수 있다. 다만 무권대리의 효과로서 표현대리행위를 추인할 수 있을 뿐이다.

한편, 신뢰자는 법률외관책임이 인정된 경우 이 책임을 물어 이행청구권을 행사할 수도 있고, 진실된 법률상태에 따라 거래행위의 무효를 받아들일 수도 있다. 이렇게 선택권을 인정하는 것은 법률외관책임이 오로지 신뢰자의 이익을 위하여 인정되는 것이라는 점에서 논리적으로 당연할 뿐만 아니라 실제적으로도 타당하다. 왜냐하면 신뢰자가 이행청구권을 관철하기 위해서는 법률외관책임의 성립요건을 모두 입증해야 하는 소송상의 위험이 있으며, 그 거래가 신뢰자에게 유익하지 않은 경우도 있을 수 있기 때문이다. 신뢰자는 상대방이 신뢰자의 결정을 따른다는 표시를 하기 전까지 또는 기판력 있는 판결이 있기 전까지는 이를 변경할 수 있을 것이다.[79]

79) 이용박, 앞의 논문, 83～84면.

Ⅱ. 대리권수여의 표시에 의한 표현대리

1. 의의

민법 제125조는 '제3자에 대하여 타인에게 대리권을 수여함을 표시한 자는 그 대리권의 범위 내에서 행한 그 타인과 그 제3자 간의 법률행위에 대하여 책임이 있다. 그러나 제3자가 대리권 없음을 알았거나 알 수 있었을 때에는 그러하지 아니하다'고 규정한다. 이것이 '대리권수여의 표시에 의한 표현대리'로서 대리권수여의 표시라는 법률외관을 작성한 본인에게 그 책임을 인정한 규정이다.

임의대리권은 본인의 수권행위, 즉 대리인을 상대방으로 하는 일방적 의사표시에 의하여 발생한다. 따라서 본인이 아무리 명확하게 제3자에게 대리권을 수여하였다거나 수여한다는 뜻의 표시나 통지를 하여도 본인과 대리인 사이에 수권행위가 없으면 그것은 유권대리라고 할 수가 없다. 그래서 본인의 수권표시를 신뢰한 제3자를 보호하려는 것이 본조의 취지이다.

2. 적용요건

본조의 성립요건으로는 ① 본인이 제3자에 대하여 어떤 자에게 대리권을 수여함을 표시하였을 것, ② 무권대리인이 표시된 대리권의 범위 내에서 대리행위를 할 것, ③ 대리행위의 상대방은 대리권수여의 표시를 받은 자일 것, ④ 상대방인 제3자가 선의·무과실일 것을 든다. 이 중 ①과 ④의 요건이 핵심적 내용이며, 이를 법률외관법리에 의하여 살펴보면 다음과 같다.

즉, 객관적 요건인 법률외관의 존재는 본인의 수권표시이다. 그리고 본인으로부터의 표시가 있기 때문에 본인의 귀책성은 당연히 인정되며 특별히 문제되지 않는다. 또한 본인으로부터의 표시라는 법률외관의 존재는 신뢰의 기반이 매우 강한 것이기 때문에 제3자의 보호요건도 특별한 사정이 없는 한 인정된다. 즉 본인으로부터의 수권표시라는 법률외관의 존재를 입증함으로써 상대방의 선의(善意)·무과실(無過失)은 사실상 추정되며, 반대로 특별한 사정에 의한 상대방의 악의(惡意)·유과실(有過失)에 대한 입증책임은 본인이 부담하게 된다.

1) 대리권수여의 표시

(1) 법적 성질

통설은 본조의 수권표시의 법적 성질에 대하여 관념의 통지로 본다. 이러한 관념의 통지인 수권표시에 관하여도 행위능력 및 의사표시에 관한 규정이 준용된다는 것이 통설의 입장이다.[80] 즉 관념의 통지라는 준법률행위도 일종의 표현행위로서, 일정한 의식내용의 표시에 대하여 의사표시와 마찬가지로 일정한 법률효과를 인정하고 있기 때문에 특별한 규정이 없는 한 행위능력이나 의사표시의 규정을 준용하여야 할 것이다.

80) 곽윤직, 앞의 책, 278면 ; 장경학, 민법총칙(제3판), 법문사, 1992, 582면.

이에 대하여 표현대리를 유권대리로 파악하는 학설은 이를 의사표시라고 한다. 유권대리설에 의하면 외관책임이론은 외관을 대리권수여행위로부터 독립된 실체로 보고 이를 보호하는 것이기 때문에 의사표시의 하자 등의 규정을 적용하는 것은 불가능하다고 비판한다[81].

(2) 표시의 방법

민법 제125조에는 대리권수여의 표시방법에 관하여 아무런 언급도 없다. 이러한 표시방법에는 먼저 구두나 문서에 의한 명시적 방법과 그밖의 묵시적 방법으로 크게 나누어 볼 수 있다. 명시적 표시방법은 본인의 제3자에 대한 직접적 표시의 경우와 본인이 대리인에게 위임장을 교부하고, 이것을 제3자에게 제시하는 경우와 같은 간접적 표시로 나누어 볼 수 있는 바, 본인이 직접 제3자에 대하여 어떤 자에게 대리권을 수여한다는 표시를 하는 경우는 실제로 표현대리문제가 거의 발생하지 않으며, 대부분의 경우는 백지위임장 등의 교부와 같은 간접적 표시에 의하여 표현대리가 문제된다.

한편, 통설은 일정한 명칭의 사용을 인허하는 등의 명의대여적 관계도 일종의 묵시적 수권표시로 보아 본조를 확장적용하고 있다. 이하에서 문제되는 구체적 사례를 표시방법의 유형별로 나누어 살펴보기로 한다.

㈎ 위임장의 교부

자칭 대리인이 본인으로부터 교부된 위임장을 제시하여 제3자와

81) 이영준, 앞의 책, 584면.

거래하는 간접적 수권표시의 경우가 본조의 통상적이고 전형적인 사례이다. 특히 문제가 되는 것이 백지위임장의 경우로, 피교부자 또는 전득자에 의하여 공백보충권이 남용될 때 본조의 적용여부가 문제가 된다. 위임장에는 대리인의 성명과 대리권의 내용을 기재하는 것이 보통이나, 이를 백지로 하여 거래관계의 변동에 즉응하여 기민하게 대처할 수 있도록 한 것이 백지위임장이다.

이러한 백지위임장은 취득자에 의하여 보충권한이 남용되는 경우가 발생할 수 있으며, 이는 대리권의 내용에 관한 것과 기타의 경우로 나누어 볼 수 있다. 백지위임장의 취득자가 위임사항에 관한 보충권을 남용하는 경우, 이 위임장은 그 부분에 있어서 위조된 것으로 본인의 표시에 의하여 대리권의 내용이 정해진 것이 아니기 때문에 본조의 적용대상이 아니며, 민법 제126조의 권한을 넘은 표현대리의 문제로 된다.

그러나 대리권의 내용이 특정되어 있고, 그밖에 대리인의 성명이나 상대방에 관한 사항만이 백지로 되어 있는 경우에는 위임사항남용형과는 달리 백지위임장이 전전교부됨을 예정하는 것이 보통이다. 따라서 백지위임장의 취득자가 대리인란에 자기의 성명을 기입한 때에는 본인과 취득자 사이에 직접수권관계가 있는 것으로 보고, 백지위임장의 작성인에게 본조의 표현대리책임을 인정하여야 할 것이다. 그러나 이러한 백지위임장에 대한 보충권의 남용이 명백한 경우에는 상대방의 선의무과실, 즉 상대방의 보호요건이 충족될 수 없으므로 표현대리는 성립할 수 없다.[82)]

82) 장경학, 앞의 책, 583면.

㈏ 묵시적 수권표시

묵시적 표시방법으로서는 거래에 필요한 서류를 교부하는 것과 같이 본인의 묵시적 행동으로 수권의 표시를 하는 경우가 문제된다. 이에 대하여 판례[83]는 「부동산처분에 관한 소요서류를 구비하여 타인에게 교부한 경우에 상대방을 특정치 않은 시는 타인에게 부동산처분에 관하여 대리권을 수여한 취지를 표시한 것이라 해석함이 타당하다」고 판단하였다.

㈐ 명의대여에 의한 수권표시

대리권수여의 표시는 반드시 대리권이나 대리인 등의 언어나 문자를 사용한 경우에 한하는 것은 아니며, 대리권을 추측토록 하는 일정한 직함, 명칭, 상호 등의 사용을 허락하거나 어떤 자가 그와 같이 자칭하고 있음을 알면서 묵인하는 경우와 같은 명의대여적 관계도 대리권수여의 표시로 보는 것이 통설의 견해이다.[84]

어떠한 사실이 있으면 명의대여적 관계를 인정할 것이며, 어떠한 명의대여적 관계가 당해 대리권의 존재를 추인시킬 수 있는가의 문제에 대하여 판례[85]는 「A는 본건 물품 매매당시 공공단체라 하여도 사경제의 범위에 속한 사항에 관하여는 일반 사인과 마찬가지로 사경제의 주체로서 사법상의 법률행위를 할 수 있고, 동 행위에 대하여 일반 사법의 적용을 볼 것으로서 소외 B가 A읍영 도선사무소장이였거나 또는 동 표시를 함에 있어 A읍의 묵인이 있었다면 이는 사경제에 속하는 동 도선업무에 관하여 A읍에 동 읍을 대신하

83) 대법원 1959.7.2. 선고 4291민상329 판결.
84) 곽윤직, 앞의 책, 278면.
85) 대법원 1961.12.28. 선고 4294민상204 판결.

여 동 소외인이 사법상 일체 행위를 할 수 있는 권한이 있음을 표시한 것이라고 인정되어 본건 물품구입에 있어서도 동 읍에 책임이 있다」고 하여 관청이나 공공단체의 일부인 것처럼 믿게 할 만한 표시를 사용케 하여 공공시설의 일부로 제3자와 거래하는 것을 허용한 경우에 당해 관청의 대리인으로서의 표시가 된다고 하였다.

또한 「타인에 대하여 어느 사업에 관하여 자기 이름으로 대행할 것을 허용한 사람은 그 사업에 관하여 자기가 책임을 부담할 지위에 있음을 표시한 것이라 할 것이고, 그 사업을 대행한 사람 또는 그 피용자가 그 사업에 관하여서 한 법률행위에 관하여 제3자에 대하여 그 책임이 있음은 물론」이라고 하였다.

그러나 「타인 간의 거래에 있어 단지 세무회계상의 필요로 자기의 납세번호증을 이용하게 한 사실 만으로는 그 거래에 관한 대리권을 수여하였음을 표시하였거나 또는 자기의 명의(상호)를 대여하였다고 보기 어렵다」고 하여 자기의 납세번호증만을 이용하게 한 것은 대리권수여의 표시에 해당하지 않는다고 하여 본조의 표현대리의 성립을 부정한 판례[86]도 있다.

이와 같은 명의대여관계는 상법 제24조[87]에도 규정되어 있기 때문에 민법 제125조의 적용범위가 그만큼 좁아지게 된다. 그러나 상법의 적용이 없는 영역에서는 역시 본조가 적용된다[88].

---

86) 대법원 1978.6.27. 선고 78다864 판결.

87) 민법 제24조(명의대여자의 책임) 타인에게 자기의 성명 또는 상호를 사용하여 영업을 할 것을 허락한 자는 자기를 영업주로 오인하여 거래한 제3자에 대하여 그 타인과 연대하여 변제할 책임이 있다.

88) 상법 제1조(상사적용법규) 상사에 관하여 본법에 규정이 없으면 상관습법에 의하고, 상관습법이 없으면 민법의 규정에 의한다.

(3) 표시의 철회

대리권수여의 표시를 한 후에도 이에 기하여 구체적인 대리행위가 행하여지기 전에는 그 표시를 철회할 수 있다. 그러나 이 철회의 효력이 발생하기 위해서는 제3자가 이를 알고 있어야만 한다. 즉 교부한 위임장의 회수 등 통지의 외형을 사실상 제거하지 않으면 선의의 제3자에 대해서는 이를 가지고 대항할 수 없다는 것이 통설이다.[89)]

2) 표시된 대리권 범위내의 행위

무권대리인의 행위가 표시된 대리권의 범위 내에서 이루어져야 한다. 만일 이러한 범위를 넘어서 대리행위가 이루어진 때에는 제126조와 경합적용이 문제된다.[90)]

3) 표현대리행위의 상대방

대리행위의 상대방은 대리권수여의 표시를 직접 받은 자이어야 한다. 통지를 광고와 같이 불특정인에게 한 경우에는 모든 제3자가 보호를 받으나, 특정인에게 통지를 한 경우에는 그 자만이 본조의 적용을 받는다. 예컨대 그 통지를 옆에서 보았다던가 기타 그러한 통지가 있음을 우연히 알게 된 제3자와 대리행위가 행해지더라도 본조가 적용되지 않는다.[91)]

---

89) 곽윤직, 앞의 책, 278면 ; 장경학, 앞의 책, 584면.
90) 이용박, 앞의 논문, 92면.
91) 곽윤직, 앞의 책, 278면 ; 장경학, 앞의 책, 584면.

위임장은 보통 상대방의 기재를 하지 않는 것이 일반적인데, 이 경우 위임장을 발행한 자는 위임장을 제시받을 모든 불특정인에 대하여 대리권수여의 통지를 한 것이라고 보아야 할 것이다.[92]

4) 상대방의 선의 · 무과실

제3자가 대리권이 없음을 알았거나 알 수 있었을 때에는 본조가 적용되지 않는다.[93] 즉 본조가 성립하기 위해서는 상대방의 선의 · 무과실을 요한다. 여기서 '선의'라 함은 실제로 대리권이 없다는 것을 모르는 것, 즉 대리권이 있는 것으로 오신하는 것을 말한다. 한편 '무과실'이란 선의인데 과실이 없는 것, 즉 일반 보통인의 주의를 하였음에도 불구하고 대리권이 없음을 알지 못하는 것을 뜻하는 바, 주의의무의 구체적 내용은 거래관계에서 나타난 객관적 사정에서 판단되는 일반적 주의의무를 말하며, 대리권의 진실여부에 대한 확인조사 의무를 포함하는 것은 아니다.

왜냐하면 본인으로부터의 대리권수여의 표시가 있음에도 불구하고 이에 대한 사실여부의 조사의무까지 포함시키게 되면 대리거래의 원활은 기할 수 없고, 거래안전보호라는 본조의 취지도 달성할 수 없기 때문이다. 다시 말해 본인의 대리권수여의 표시라는 법률외관은 객관적 신뢰기반이 매우 강하기 때문에 특별한 사정이 없는 한 상대방은 이의 진실여부에 대한 확인조사 의무는 필요하지 않다.

92) 장경학, 앞의 책, 585면.
93) 민법 제125조 단서.

판례도 「정당한 권원에 의하여 작성된 매도증서, 위임장, 인감증명서 등 등기신청에 필요한 모든 서류를 구비하여 소지하고 있다면 특별한 사유가 없는 한 대리권이 있다고 믿을 만한 정당한 사유가 있다 할 것이고, 설사 대리권이 소멸되었다 하더라도 상대방이 선의의 제3자로서 과실이 없었다면 본인은 대리권의 소멸을 상대방에게 대항할 수 없다」고 판단하고 있다.[94]

제3자가 자기의 선의・무과실에 대하여 주장・입증책임이 있는 것이 아니라 제3자의 악의・유과실이라는 사실에 대하여 본인측에 주장・입증책임이 있음은 법문구조상 명백하며 이설이 없다.[95] 실제의 문제에 있어서도 상대방인 제3자는 본인의 수권표시라는 법률외관의 존재를 입증함으로써 자신의 선의・무과실은 별도의 입증이 없어도 사실상 추정되며, 이때 어떠한 특별한 사정이 있어서 제3자가 악의・유과실이라는 주장・입증책임은 본인이 지는 것이다.

3. 제125조의 적용범위

1) 법정대리

본조가 법정대리에도 유추 적용되는가에 관하여는 학설이 대립되어 있다. 본조는 임의대리에만 적용된다는 것이 유력한 학설이었으나,[96] 현재는 본조가 법정대리에도 적용된다는 주장이 국내의 다수

94) 대법원 1962.10.18. 선고 62다535 판결.
95) 이용박, 앞의 논문, 93면.

설의 지위를 점하고 있다.[97)]

적용긍정설은 법정대리의 경우에도 거래상대방을 보호할 필요가 있음은 임의대리와 마찬가지라고 하면서 호적상의 신고나 공고를 대리권수여의 표시에 준한다고 하며, 그 예로서 허위의 혼인신고에 의한 부부간의 일상가사대리권과 허위의 인지신고에 의한 친권관계를 든다.

민법 제125조는 본인이 제3자에게 대리권수여의 표시를 한 것에 대하여 책임을 지우는 취지의 조문이기 때문에 본인의 선임에 의하여 발생하는 것이 아닌 법정대리에는 원칙적으로 적용될 여지가 없다고 보는 것이 타당하다. 예컨대 무능력자를 보호하기 위한 친권과 같은 법정대리의 경우에는 본인인 미성년자의 귀책성을 인정할 수도 없을 뿐만 아니라, 본조를 유추적용하게 되면 무능력자제도의 기본취지를 깨어버리는 결과가 되므로 부당하다.

판례[98)]도 「미성년자가 호적상 망 갑의 장남으로 등재되어 있다고 하더라도 그 망 갑과의 사이에 실체상 전연 혈족관계가 없는 경우에는 망 갑의 처인 을은 미성년자에 대한 친권자가 아니므로 을이 미성년자의 법정대리인으로서 변호사에게 소송을 위임하고, 그 위임에 기하여 미성년자의 소송대리를 한 경우에는 법정대리권 및 소송대리권의 흠결이 있는 경우에 해당한다」고 판시하고 있다. 또한 인지신고는 원칙적으로 생부나 생모가 하는 것으로,[99)] 예컨대

---

96) 곽윤직, 앞의 책, 279면, 우상규, 민법총칙, 육법사, 2002, 603면.
97) 김용한, 민법총칙론(재전정판), 박영사, 1993, 375면.
98) 대법원 1955.5.12. 선고 4287민상208 판결.
99) 민법 제855조(인지) ①혼인 외의 출생자는 그 생부나 생모가 이를 인지할 수 있다. 부모의 혼인이 무효인 때에는 출생자는 혼인 외의 출생자로 본다.

생부가 아닌 자가 친권을 남용하기 위하여 미성년자인 사생자를 자신의 친생자로 허위신고 한 경우, 호적상의 기재를 본조의 수권표시로 보아 미성년자인 본인에게 책임을 인정해야 한다는 주장은 지나친 거래보호 편중의 사고이며 무능력자제도를 완전히 와해시키는 결과를 가져온다. 따라서 본조의 유추적용이 타당시 될 수 있는 경우는 미성년자인 혼외자가 생부가 아닌 자를 자기의 父로 허위신고 하는 경우인데, 과연 이러한 허위신고가 실제로 가능한지는 의문이다.

한편, 일상가사대리권은 부부의 공동생활에서 필요로 하는 통상의 사무에 관한 상호간의 대리권을 의미하는 것으로 허위혼인신고의 경우, 즉 실제로 부부 공동생활을 하고 있지 않은 경우는 이러한 대리권이 문제될 여지가 별로 없다.

2) 복대리

복대리에 관하여도 본인의 대리권수여의 표시라는 법률외관이 존재하는 한 본조가 적용될 수 있음은 물론이며, 판례[100]도 「본조에서 말하는 대리인은 그 대리권의 수여에 관한 경위사실의 여하를 막론하고 본인을 위하여 어떠한 법률행위를 적법히 대리할 수 있는 자를 총칭하는 것이라 할 것이므로 본인으로부터 직접 대리권을 수여받은 자(원시대리인)에 한하는 것은 아니다」라고 판시하고 있다.

---

100) 대법원 1970.6.30. 선고, 70다908 판결.

3) 공법상의 행위

본조는 대리거래의 안전과 신속을 보호하기 위하여 규정된 것이므로 거래행위와는 성질이 다른 공법상의 행위에는 원칙적으로 적용되지 않는다.[101)] 그러나 지방자치단체가 사경제 주체로서 법률행위를 한 경우에 표현대리에 관한 법리가 적용될 수 있다.[102)]

한편, 절차상의 안정을 중시하는 소송행위에는 원칙적으로 표현대리규정을 적용할 수 없다고 하겠다. 판례[103)]도 「이행지체가 있으면 즉시 강제집행을 하여도 이의가 없다는 강제집행 수락의사 표시는 소송행위라 할 것이고, 이러한 소송행위에는 민법상의 표현대리 규정이 적용 또는 유추적용될 수는 없다」고 판시하고 있다. 그러나 소송대리권의 소멸은 상대방에게 통지하지 않으면 그 효력이 없기 때문에 이러한 경우에는 민법 제129조의 대리권 소멸 후의 표현대리와 유사한 효과가 발생한다.

한편, 일반적으로는 소송행위에 민법상의 표현대리규정이 적용될 수 없다는 점에는 찬성하면서도 법인이 고의로 부실의 대표자 등기를 한 경우에는 본조의 표현대리를 적용하여 권한 없는 대표자가 한 소송행위의 효과를 법인에게 미치게 하는 것이 타당하다는 주장이 있다.[104)]

---

101) 고상룡, 민법총칙(전정판), 법문사, 1999, 578면.
102) 대법원 1961.12.28. 선고 4294민상204 판결.
103) 대법원 1983.2.8. 선고 81다카621 판결.
104) 강현중, 민사소송법, 박영사, 1988, 187면.

Ⅲ. 권한을 넘은 표현대리

1. 의의

민법 제126조는 '대리인이 그 권한외의 법률행위를 한 경우에 제3자가 그 권한이 있다고 믿을 만한 정당한 이유가 있는 때에는 본인은 그 행위에 대하여 책임이 있다'고 규정한다. 이것이 '권한을 넘은 표현대리' 또는 '권한유월의 표현대리'로서, 125조의 '대리권수여의 표시에 의한 표현대리'나 129조의 '대리권 소멸 후의 표현대리'와는 달리 그 적용요건이 매우 추상적으로 규정되어 있기 때문에 실제에 있어서 적용례가 가장 많을 뿐만 아니라 조문상으로도 본인의 책임이 상대방의 정당한 신뢰에 대한 법률외관책임이라는 것을 잘 나타내고 있는 표현대리의 대표적인 것이다.

2. 적용요건

통설・판례의 입장은 본조의 성립요건에 대하여 조문 구조를 바탕으로 다음과 같은 두 요건만을 들고 있다. 첫째, '대리인의 그 권한외'로부터는 대리인 자격 있는 자의 월권, 즉 '기본대리권'의 존재를 필요로 하며, 둘째, '권한이 있다고 믿을 만한 정당한 이유'로부터는 이른바 '정당이유'가 필요하다고 한다.

여기서 '정당이유'란 객관적으로 보아 행위자에게 대리권이 있다고 믿는 것이 보통인으로서는 당연하다고 생각되는 사정이 존재함을 의미하며, 원칙적으로 이러한 사정이 있으면 거래안전을 위해 상대방이 보호되어야 한다. 그러나 이러한 외부 사정만에 기초하여 상대방을 보호하게 되면 본인의 정적 안전을 해할 염려가 있기 때문에 본인보호를 위한 최소한도의 요건으로 기본대리권의 존재가 필요하다고 한다.

이와 같이 조문구조로부터 기본대리권과 정당이유라는 두 요건을 가지고 정적 안전과 동적 안전의 조화를 통하여 이익형량적으로 표현대리의 성립여부를 결정하여야 한다는 이론체계는 문제가 있다. 전술한 바와 같이 표현대리의 성립근거를 불법행위적으로 구성하여 본인과 상대방과 과실상계를 인정함으로써 중간적 해결을 꾀할 수 있는 경우라면 위와 같은 이익형량적 발상이 적절한 해결방법이 될 수 있을 것이다. 그러나 통설과 같이 표현대리를 법률외관이론에 근거한 제도로 보는 경우, 표현대리의 성립요건에 대한 이론체계로서 이익형량론은 적당하지 않다.

왜냐하면 법률외관이론에 의하면 일정한 법률외관이 존재하고 본인의 귀책성과 상대방의 선의무과실이 인정되면 표현대리가 성립하고 본인이 그 책임을 지는 것이지, 동적 이익과 정적 이익과의 조화를 통해 그 성립여부가 좌우되는 것은 아니다. 예컨대 표현대리의 성립을 인정하게 되면 거래의 동적 이익에 비해 본인의 정적 이익이 지나치게 침해된다고 하여 그 성립이 부인되는 것은 아니다.[105)]

그리고 기본대리권의 존재를 본인보호를 위한 최소한의 요건, 즉

---

105) 이용박, 앞의 논문, 97~98면.

본인의 귀책성으로 이론구성하면서도 통설이나 판례는 기본대리권과 월권행위의 동종성이나 견련성을 요구하고 있지도 않다. 따라서 통설・판례에 의하면, 본인과 대리인 사이에 어떠한 기본대리권이 존재하고, 상대방이 권한이 있다고 믿을 만한 정당한 이유만 있으면 본조의 표현대리가 성립하게 된다. 이러한 이론체계는 지나치게 상대방 보호에 치우친 면이 있으며, 본인의 귀책성을 정당히 평가하고 있지 않다는 비판[106]이 있다.

3. '권한을 넘은 대리행위'라는 요건

통설・판례는 민법 제126조의 표현대리가 성립하기 위한 기본대리권의 존재를 하나의 요건으로 한다. 이는 민법 제126조의 '대리인이 그 권한외의 법률행위를 한 경우'라는 법문으로부터 도출된 것이며, 본인의 정적 안전의 보호를 위한 최소한도의 요건이라고 한다.[107]

그러나 기본대리권의 존재를 요건으로 하게 되면 상대방이 대리권이 존재한다고 믿을 만한 정당한 이유가 있고, 본인의 귀책성이 인정된다 하더라도 이러한 법률외관을 작성한 본인의 행위가 엄밀한 의미에서 대리권의 수여로 볼 수 없고, 그밖에 본인과 자칭 대리인 사이에 별도의 대리관계가 없는 경우는 본조의 표현대리는 성립할 수 없게 된다. 따라서 126조의 표현대리는 제125조나 제129

106) 이영준, 앞의 책, 579면.
107) 곽윤직, 앞의 책, 280면.

조의 표현대리보다 거래의 안전을 기한다는 이유는 상대적으로 약하다고 볼 수 있다.[108)]

이와 같이 기본대리권을 제126조의 표현대리의 요건으로 하는 통설의 이론체계는 전술한 바와 같이 본인과 표현대리인 사이에 일정한 대리관계만 존재하면 본인에게 책임을 지움으로써 본인의 귀책성을 정당히 평가하고 있지도 못할 뿐만 아니라, 본인보호의 최소한도의 요건이라는 기본대리권의 존재는 정당한 상대방의 신뢰를 보호함에 있어서 장애적 요인이 되기도 한다.

또한 기본대리권의 존재를 본인의 귀책요건으로 설정하면서도 정당한 이유와는 상관없는 별개의 요건으로 보기 때문에 다음과 같은 여러 가지 이론적 문제가 발생하게 된다. 첫째, 기본대리권은 본조의 요건으로 필요한가 하는 근본적인 문제를 비롯하여, 둘째, 기본대리권의 수여행위에는 공법상의 행위와 사실행위를 포함하는가, 셋째, 기본대리권과 권한을 넘은 행위와의 동종성 내지는 견련성이 요구되는가, 넷째, 본조와 기타의 표현대리와의 경합적용이 허용되는가, 다섯째, 법정대리에도 본조가 확대적용되는가, 여섯째, 이른바 복표현대리의 경우 기본대리권이라는 요건을 어떻게 충족시킬 것인가 하는 문제 등이 발생한다.

1) 기본대리권의 문제

(1) 기본대리권의 필요성

통설은 민법 제126조의 표현대리가 성립하기 위해서는 기본대리

108) 고상룡, 앞의 책, 575면.

권」의 존재가 필요하다. 즉 전혀 기본대리권이 없는 자의 행위에 관하여는 비록 상대방뿐만 아니라 일반적으로 누구든지 대리권이 있는 것으로 생각되는 경우일지라도 본조의 표현대리가 성립할 여지가 없다고 하며, 그 근거로서는 전혀 아무런 권한도 없는 경우에 있어서까지 제3자의 신뢰를 보호하는 것은 지나치게 본인의 이익을 해하게 되므로 본인의 정적 안전을 보호하기 위한 최소한도의 요건으로서 기본대리권이 필요하다고 한다.[109]

판례[110]도 「기본적인 어떠한 대리권도 없는 자에 대하여 대리권한의 유월 또는 소멸 후의 표현대리관계는 성립할 여지가 없는 것인바 피고가 소외 갑의 원고와의 상거래에 대한 재정보증서와 그에 필요한 인감증명서 및 납세증명서를 위 갑의 언니인 소외 을에게 우송하였음에 지나지 아니한 것이라면 위 을이 자기가 갑이라고 참칭하고 원고와 상거래를 함에 있어 위 재정보증서 등을 사용하였다는 사실 만으로서는 위 을이 피고로부터 표현대리를 인정할 기본적 대리권을 수여받은 것이라고 볼 수 없다」고 판시하여 통설과 동일한 입장을 취하고 있다.

(2) 기본대리권의 적격성

본조의 요건으로서의 기본대리권에는 사실행위의 수권이나 등기신청행위와 같은 공법상행위의 수권도 포함되는가 하는 적격성의 문제가 있다. 판례[111]는 「본조에서 말하는 대리인은 그 대리권의 수여에 관한 경위사실의 여하를 막론하고 본인을 위하여 어떠한 법

109) 곽윤직, 앞의 책, 280면 ; 고상룡, 앞의 책, 575～576면.
110) 대법원 1984.10.10. 선고 84다카780 판결.
111) 대법원 1970.6.30. 선고, 70다908 판결.

률행위를 적법히 대리할 수 있는 자를 총칭하는 것이라 할 것이므로 본인으로부터 직접 대리권을 수여받은 자(원시대리인)에 한하는 것은 아니」고 하여 원칙적으로는 본조의 대리권에는 사실행위의 수권이 포함되지 않는다는 입장을 취하고 있다.

이에 대하여 일부의 학설은 사실행위의 수권도 기본대리권에 포함된다고 보고 있다. 그 논거로서는 사실행위라 하더라도 대외적인 의미에서는 법률행위에 못지않게 중요성을 띠는 경우도 있을 수 있으므로 선의의 상대방을 널리 보호하기 위해서는 본인이 대외적 관계를 예상하면서 일정한 행위를 할 것을 타인에게 위탁한 사실이 있었다면 본조의 기본권한으로서의 요건을 충족시키는 것으로 보고, 그 타인의 권한이 엄격한 의미에서 법률행위를 할 수 있는 대리권은 반드시 필요하지 않다고 주장한다.[112]

판례도 단순한 등기신청행위의 위탁의 경우는 물론이고, 후술하는 바와 같이 특정의 거래행위와 관련하여 인장을 교부하거나, 단순한 사무처리를 위하여 인장을 교부하는 경우와 같이 엄밀한 의미에서 대리관계로 볼 수 없는 때에도 기본대리권의 존재를 인정하여 권한을 넘은 표현대리의 성립을 인정하고 있다.[113] 이러한 판례나

---

112) 김용한, 앞의 책, 376~377면.

113) 갑이 부동산 소유권자의 권리문서와 인감증명서, 인감도장을 소지하고 그의 대리인임을 표명하고 나선 이상 특별한 사정이 없는 한 갑에게 소유권자를 대리하여 근저당권 설정계약을 체결할 권한이 있다고 믿을 만한 정당한 사유가 있다(대법원 1968.11.26. 선고 68다999 판결); 원고가 갑에게 본건 대지에 관하여 원고 명의로 소유권 이전등기 절차를 하여 달라는 부탁을 하였다면 반대사유가 없는 이상 원고가 갑에게 위 대지에 관한 소유권 이전등기 절차에 있어서 사법서사에 대한 등기신청행위 위임 등에 관하여 대리권을 수여한 것이라고 볼 것이고, 그렇다면 피고와의 본건 근저

통설과 같이 기본대리권의 적격성을 폭넓게 인정하게 되면 대리라는 개념은 더 이상 유지될 수 없으며, 본인의 귀책요건으로서는 오히려 기본권한의 존재라는 표현이 타당할 것이다.

통설은 민법 제126조의 '대리인이 그 권한외의 법률행위를 한 경우'라는 법문에 근거하여 '기본대리권'의 존재가 필요하다고 하나, 법문 처음의 대리인이라는 표현은 표현대리관계, 즉 자칭 대리인과 제3자와의 관계에 있어서의 대리인으로 보고 본인과 표현대리인의 관계는 일정한 권한의 수여관계로 보면, 본인과 자칭 대리인 사이의 내부관계를 반드시 대리관계로 좁게 해석할 필요는 없다.

법문은 어디까지나 '권한'이라고 하고 있을 뿐, '대리권'이라는 표현은 사용하고 있지 않기 때문이다. 따라서 민법 제126조의 권한을 넘은 표현대리가 성립하기 위한 본인의 귀책요건으로서는 본인의 자칭대리인에 대한 일정한 '권한의 수여' 다시 말해 '기본권한의 존재'가 필요한 것이지, '기본대리권의 존재'라는 좁은 의미로 엄격히 해석할 필요는 없을 것이다.[114)]

(3) 기본대리권과 권한외의 행위의 관계

민법 제126조의 표현대리는 자칭 대리인의 자기가 가지고 있는 기본권한을 벗어나 권한외의 대리행위를 한 경우에 발생한다. 학설

당권 설정계약에 있어서 갑이 위 대지에 대한 권리증서와 원고의 인장 내지 인감증명을 소지하고 있어서 비록 그것이 갑에 의하여 부당히 작성된 것이라 하더라도 피고가 갑에게 대리권한이 있다고 믿을 만한 정당한 이유가 있다면 권한을 넘은 표현대리를 인정 못할 바도 아니다(대법원 1963.11.7. 선고 63다610 판결).

114) 이용박, 앞의 논문, 116면.

은 권한을 넘은 표현대리의 성립에 있어서 기본대리권과 권한외의 행위와의 동종성이나 견련성이 문제가 된다. 사실 표현대리를 법률외관법리로 설명하는 경우 기본대리권과 권한외의 행위와의 실질적 관련성은 특별히 문제 삼을 필요는 없다. 왜냐하면 제126조의 표현대리는 본인의 일정한 권한의 수여(이른바 기본대리권의 수여)에 의하여 조성된 일정한 대리권의 법률외관이 문제로 되는 것이지, 기본대리권과 권한외의 행위와의 동종성이나 견련성과 같은 실질적 관련성은 문제시 할 필요가 없기 때문이다.

이 문제는 오히려 표현대리제도의 연혁과 관련하여 의미가 있는 것이라고 하겠다. 판례는 일찍부터 「권한을 넘은 표현대리행위는 권한내의 행위와 관련 또는 유사함을 요하지 않는다」고 하였고,[115] 또한 「본조가 거래의 안전을 보호하기 위한 규정이므로 본조의 표현대리는 대리인이 한 권한외의 법률행위의 태양이나 성질이 그 권한내의 법률행위와 동종 유사 동질인 여부에 의할 것이 아니고 거래의 상대방이 대리인에게 그 행위를 할 권한이 있다고 믿을 만한 정당한 사유의 유무에 의하여 그 성부를 결정할 것이」라고 판시하여,[116] 기본권한과 권한외의 행위의 동종성이나 견련성을 필요하지 않다고 하는 일관된 태도를 취하고 있다.

(4) 기본대리권의 존재와 표현대리의 경합적용의 문제

민법 제126조의 표현대리의 성립에 있어서의 기본대리권의 존재라는 요건과 관련된 문제에 대한 학설과 판례의 입장을 간단히 살

115) 대법원 1959.8.27. 선고 4291민상486 판결.
116) 대법원 1965.2.23. 선고 64다1597 판결.

펴보기로 한다. 제125조와 제129조의 표현대리에 있어서 대리인이 그 표시되거나 소멸된 대리권의 범위를 넘은 행위를 한 경우, 여기에 다시 제126조의 권한을 넘은 표현대리가 성립할 수 있는가에 대하여 대부분의 학설이 이를 긍정한다.117) 이에 반해, 제126조의 표현대리성립을 위해서는 기본대리권이 필수적이라는 입장을 고수하여 위와 같은 경우 현실적으로 대리권이 없기 때문에 이를 부정하는 소수설이 있다.118)

다수설의 근거는 상대방의 입장에서 본다면 대리권의 존부를 판정하기가 어렵기 때문에 본인을 희생시키더라도 상대방을 보호해야 한다고 한다. 즉 제125조와 제129조가 적용됨으로써 상대방에 대한 관계에 있어서는 법률상 대리권의 수여가 있었던 것으로 다루어지기 때문에 그러한 범위를 다시 넘은 경우에도 제126조는 적용되어야 한다고 주장한다. 한편, 원칙적으로는 표현대리규정의 중복적용을 인정하면서도 제125조와 제126조가 중복 적용되는 실례는 거의 없을 것이라는 견해도 있다.

그 이유는 대리권수여의 표시가 명확한 문서의 모습을 차리는 경우에는 원래 제126조가 관련되는 경우가 드물고, 그 표시가 불명확한 행동으로 행해지는 경우에는 그 표시가 의미하는 것에 대한 인정의 문제는 결국 제125조만으로써 처리할 수 있는 사태가 많기 때문이라고 한다. 제125조와 제126조의 경합적용에 대하여 명시적으로 판시한 판례는 보이지 않으나, 제126조와 129조의 경합적용

117) 곽윤직, 앞의 책, 281면; 김용한, 앞의 책, 380면; 김주수, 앞의 책, 392면.

118) 김기선, 한국민법총칙, 법문사, 1981, 318면.

에 대하여는 대부분 긍정적인 태도를 취하고 있다.[119]

이러한 표현대리의 경합적용의 문제는 바로 민법 제126조의 기본대리권의 존재라는 요건을 어떻게 완화할 것인가 하는 문제와 직결된다. 즉 제129조와의 중복적용을 인정함으로써 과거에 존재하였던 대리권으로 기본대리권 요건을 충족시킬 수 있고, 특히 제125조와의 경합적용을 허용하게 되면 기본대리권의 존재라는 요건은 거의 언제나 충족될 수 있다고 하겠다.

왜냐하면 자칭 대리인에게 일정한 대리권이 있다고 믿을 만한 정당한 이유가 존재하면, 대리권수여의 표시라는 법률외관도 존재하는 경우가 대부분이기 때문이다. 다시 말해 일정한 대리권한이 있다고 믿을 만한 법률외관이 존재한다는 것은 바로 본인이 그러한 대리권을 수여하였다는 법률외관이 존재함을 의미하기 때문에 제125조에 의한 표현대리권으로서 제126조의 기본대리권을 충족시킬 수 있게 되면 이미 기본대리권의 존재라는 요건은 더 이상 필요 없다는 결과를 초래하게 되는 것이다. 따라서 판례도 이 문제에 관하

---

119) 피고가 원고의 남편 "갑"이 전에도 제3자로부터 금원을 차용하고 본건 부동산을 가등기한 사실이 있고, 그 때 서류를 갖추어 준 사람은 원고 자신이니 본건도 피고로서는 "갑"이 인감도장과 인감증명 및 권리증까지 소지하고 와서 날인하는 것으로 보아 처인 원고를 대리하는 것으로 믿었고 또 믿음에 있어 정당한 사유가 있었다고 하여 민법 126조 소정의 표현대리를 주장하는 경우에는 동법 129조 소정 표현대리의 권한을 초과한 대리행위가 있었다는 것을 이유로 민법 129조와 126조의 중복적용을 주장하는 취지로 해석함이 상당하다(대법원 1976.4.13. 선고 75다2324 판결); 민법 제129조의 대리권 소멸 후의 표현대리로 인정되는 경우에 그 표현대리의 권한을 넘는 대리행위가 있을 때에는 민법 제126조의 표현대리가 성립될 수 있다(대법원 1979.3.27. 선고 79다234 판결).

여는 신중한 입장을 취하고 있는 것으로 생각된다.

(5) 법정대리에의 확대 적용여부와 기본대리권의 문제

법정대리에 있어서는 본인 의사와는 관계없이 법률규정에 의하여 대리관계가 발생하며, 그 대리권의 범위도 법률에 의하여 명시적으로 규정되어 있다. 그러므로 법정대리인이 그 권한범위를 넘어서 한 대리행위는 당연히 무권대리이며, 표현대리가 성립될 여지가 없는 것이다. 그럼에도 불구하고 일본이나 국내의 통설적 입장은 법정대리의 경우에도 권한을 넘은 표현대리의 규정이 적용될 수 있다고 주장한다.

한편, 이 문제는 제126조의 적용요건 특히 본인의 귀책요건과 관련하여 중요한 의미를 갖는다. 즉 법정대리권은 본인의 의사에 의하여 발생하는 것이 아니기 때문에 어떤 법정대리권한을 넘는 표현대리권의 법률외관이 본인의 과실이나 행위에 기하여 조성될 수는 없다.

㈎ 무능력자의 법정대리의 경우

국내의 통설적 견해는 권한을 넘은 표현대리에 있어서 상대방의 신뢰가 본인의 과실이나 행위에 基할 필요가 없기 때문에 제126조의 표현대리는 법정대리의 경우에도 마찬가지로 적용되어야 한다고 주장한다.[120] 이에 대하여 통설적 견해와 같이 그러한 경우에도 표현대리의 성립을 인정한다면 제950조 1항의 규정은 사문화되고 만다는 것을 이유로 반대하는 소수설이 있다[121].

120) 곽윤직, 앞의 책, 281면.
121) 고상룡, 앞의 책, 591면.

무능력자의 법정대리에 있어서 제126조의 적용여부를 문제 삼는 사례는 후견인이 친족회의 동의를 얻지 않고 대리행위를 하였는 바, 이를 피후견인 또는 친족회가 취소한 경우와 공동친권자의 일방이 공동명의로 대리행위를 한 경우를 들 수 있다. 그런데 이러한 사례는 법정대리인이 대리권한의 내용적 범위를 벗어나 월권대리행위를 하는 것이 아니라 단지 대리권행사에 있어서의 제한을 위반한 경우의 문제이기 때문에 엄밀한 의미에서 볼 때 권한을 넘은 표현대리와는 성질을 달리하는 문제라 하겠다.

무능력자제도는 의사능력이 불완전한 자를 보호하기 위한 것으로, 친권자나 후견인이 가지고 있는 대리권의 범위는 포괄적인 것이며, 법정대리인은 무능력자인 본인에 속하는 모든 재산상의 법률행위를 대리할 권한이 있다. 그런데 미성년자의 친권자와는 달리 후견인의 경우에는 이러한 포괄적 대리권을 남용할 우려가 있기 때문에 이를 방지하기 위해 중요한 법률행위에 있어서는 후견감독기관인 친족회의 동의를 얻도록 규정하고 있는 것이다. 이를 위반한 경우 무능력자 본인이나 친족회가 그 대리행위를 취소할 수 있으며, 취소가 있으면 후견인의 대리행위는 소급하여 무효가 될 수밖에 없다.

그런데 통설과 같이 이러한 경우 권한을 넘은 표현대리가 성립할 수 있다고 하게 되면 민법의 명문규정을 도외시하는 결과가 되므로 이는 잘못이라 하겠다. 물론 통설은 거래의 안전이라는 동적 이익의 우선적 보호를 위해 위와 같은 주장을 하는 것이라 하겠으나, 이렇게 되면 의사능력이 불완전한 무능력자의 보호를 위한 법정대리제도가 오히려 아무런 잘못도 없는 무능력자의 희생을 초래하는 결과가 되므로 부당하다. 또한 친족회의 동의를 요하는 사항은 법문에 명백히 규정되어 있으므로 상대방보호의 측면에서도 별다른 문제는 없다고 하겠다. 그런데 후견인의 대리행위에 동의를 준 친족회의 결의가 하자있음을 이유로 사후에 취소 또는 무효로 된 경우는 문제이다.

이러한 경우에는 친족회의 적법한 동의가 없었던 결과가 되므로 후견인의 대리행위는 취소할 수 있게 되며, 상대방은 예측하지 못한 손해를 입을 수 있다. 따라서 원칙적으로 반대의 입장을 취하는 학설도 이러한 경우에는 제126조의 표현대리가 성립될 수 있음을 인정한다.[122]

㈏ 일상가사대리권과 권한을 넘은 표현대리

부부는 민법 제827조[123]에 의하여 부부의 가정공동생활에서 필요로 하는 통상의 사무, 즉 식료·의류·연료 등 일용품의 구입, 의사의 진료·치료, 주거용 가옥의 임대, 자녀의 교육, 가사사용인의 고용과 같은 일상가사에 대하여 서로 대리권이 있다. 다만 타인명의의 부동산매각, 담보제공, 타인의 채무에 대한 연대보증행위, 고액의 차용, 순수한 직업상의 사무는 부부가 서로 대리권을 갖는 일상가사행위에 해당하지 않는다고 본다.

부부의 일방이 민법 제827조에 의하여 인정되는 일상가사의 범위를 넘는 법률행위를 한 경우에 민법 제125조의 표현대리가 성립

122) 김용한, 앞의 책, 379~380면.
123) 민법 제827조(부부간의 가사대리권) ①부부는 일상의 가사에 관하여 서로 대리권이 있다.
②전항의 대리권에 가한 제한은 선의의 제3자에게 대항하지 못한다.

하는가에 대하여, 통설은 일상가사대리권을 기본대리권으로 인정하여 민법 제126조의 적용을 긍정한다.[124)]

부부의 일방이 민법 제827조가 정한 일상가사에 관한 대리권의 범위를 최고하여 제3자와 법률행위를 한 경우에 대해서까지 표현대리를 인정하면 부부의 재산적 독립을 인정하는 부부별산제가 침해될 우려가 있다고 할 수 있다. 그러나 다른 한편 일상가사의 범위에서 다소의 월권행위에 대하여는 상대방의 보호를 도모할 필요도 있다. 그러므로 부부의 일방이 한 월권행위의 상대방인 제3자에게 그 월권행위가 그 부부의 일상가사에 관한 법률행위에 해당한다고 믿을 만한 정당한 이유가 있는 한 민법 제126조의 취지를 유추적용하여 제3자의 보호를 도모할 필요가 있다고 본다.

학설은 대체로 부부의 행위를 일상가사의 범위 내라고 믿을 만한 정당한 이유가 있을 때에 본조가 적용되고, 일상가사대리권을 기본대리권으로 하여 월권대리를 한 경우에까지 본조를 적용하지 않으려는 태도를 보이고 있다. 그리고 정당한 이유의 인정에 있어서도 부부는 서로 밀접한 관계에 있으므로 인장·권리관계서류 등 이른바 권리의 외관을 용이하게 작출(作出)할 수 있다는 점을 고려하여 정당한 이유의 존재를 엄격하게 인정하여야 한다고 한다.[125)]

판례는 「처가 부 소유 부동산을 타인에게 양도하거나 근저당권을 서정한 경우에 본조의 표현대리가 되려면 그 아내에게 가사대리권이 있었다는 것뿐만 아니라 상대방이 남편이 그 아내에게 그 행위에 관한 대리권을 주었다고 믿었음을 정당화할 만한 객관적인 사정

124) 김민중, 민법총칙, 두성사, 1995, 657면.
125) 김상용, 민법총칙(전장판), 법문사, 1998, 638～639면.

이 있었어야 한다」고 판시하고 있다.[126] 또한 일상가사대리권을 기본대리권으로 하여 월권대리가 성립할 수 있으나, 문제된 월권대리에 관하여 그 권한을 수여받았다고 믿을 만한 정당한 이유가 있으면 제126조의 표현대리가 성립한다고 한다.[127] 즉 일상가사대리권을 기본대리권으로 하여 임의대리권의 월권대리를 인정하고 있다.

이와 같이 학설은 부부의 행위가 일상가사에 속하는 것이라고 믿을 만한 정당한 이유가 있을 때에는 민법 제126조의 월권대리의

---

126) 대법원 1968.11.26. 선고 68다1727·68다1728 판결.

127) 아내가 남편의 인장 및 권리증을 절취하여 부정한 방법으로 인감증명서를 교부받아 남편의 부동산을 처분하였을 경우에 전에도 아내가 그와 같이 부정한 방법으로 남편의 부동산을 처분한 사실이 있다는 사정은 표현대리의 정당한 사유에 해당하지 아니한다(대법원 1969.6.24. 선고 69다633 판결); 남편 부동산의 처분에 관한 아내의 대리권은 이례에 속하므로 본조 소정의 표현대리가 되려면 아내에게 가사대리권이 있다는 것만으로는 부족하고 남편이 아내에게 그 행위에 관한 대리의 권한을 주었다고 믿었음은 정당화할 만한 객관적인 사정이 있어야 할 것이다(대법원 1970.3.10. 선고, 69다2218 판결); 남편이 정신병으로 장기간 병원에 입원하였고 입원당시 입원비, 생활비, 자녀교육비 등을 준비하여 두지 아니한 경우에 그 아내에게 가사대리권이 있었고, 남편 소유의 가대를 적정가격으로 매도하여 그로서 위 비용에 충당하고 나머지로서 대신 들어가 살 집을 매수하였다면 매수인이 이러한 사유를 알았건 몰랐건 간에 객관적으로 보아서 그 처에게 남편의 대리권이 있다고 믿을 만한 정당한 사유가 된다고 보아야 할 것이다(대법원 1970.10.30. 선고, 70다1812 판결); 아내에게 가사대리권이 있다는 사실만으로 다른 사정이 없이 권한을 넘은 표현대리가 성립된다고 할 수 없다(대법원 1971.1.29. 선고 70다2738 판결); 일상가사에 관하여 남편인 피고를 대리할 권한이 있는 처가 남편 몰래 남편의 인감도장, 인감증명서 등을 소지하고 그 대리인인 양 행세하여 금원을 차용하고 그 담보로 남편 소유의 부동산에 가등기를 경료하여 준 경우에 그 상대방이 위 처에게 그 남편을 대리할 권한이 있다고 믿음에 정당한 사유가 있다(대법원 1981.6.23. 선고 80다609 판결).

성립을 인정하는 데 반하여, 판례는 부부의 행위가 일상가사에 소하지 않더라도 일상가사대리권을 기본대리권으로 하여 문제 행위에 특별수권이 있었다고 믿을 만한 정당한 이유가 있는 경우에는 제126조의 월권대리를 인정하고 있다. 즉 학설은 비교적 좁게 월권대리를 인정하고자 하는 데 반하여, 판례는 넓게 인정하고 있는 것이다. 부부의 일상가사행위에 대해서는 부부의 연대책임을 인정하고 있는 점에 비추어 보아[128] 좁게 인정하는 것이 타당하다고 생각된다.

사실혼 관계에 있는 부부사이 간에도 본조의 표현대리를 인정하여야 할 것이다.[129]

(6) 복표현대리에 있어서의 기본대리권의 문제

복임권 없는 대리인이 복대리인을 선임하고 이 복대리인이 권한을 넘은 표현대리행위를 한 경우 기본대리권의 존재라는 요건이 문제된다. 만약 통설・판례와 같이 월권표현대리가 성립되기 위해 기본대리권의 존재가 필수적이라는 입장을 취하게 되면, 예를 들어 대리인이 무단으로 복대리인을 선임하고, 이 복대리인이 정당한 권한 없이 본인을 대리한 경우에는 아무리 상대방이 그 권한이 있다

128) 민법 제832조(가사로 인한 채무의 연대책임) 부부의 일방이 일상의 가사에 관하여 제3자와 법률행위를 한 때에는 다른 일방은 이로 인한 채무에 대하여 연대책임이 있다. 그러나 이미 제3자에 대하여 다른 일방의 책임없음을 명시한 때에는 그러하지 아니하다.

129) 원고와 소외인이 동거를 하면서 사실상의 부부관계를 맺고 실질적인 가정을 이루어 대외적으로도 부부로 행세하여 왔다면 원고와 위 소외인 사이에 일상가사에 관한 사항에 관하여 상호대리권이 있다고 보아야 한다(대법원 1980.12.23. 선고 80다2077 판결).

고 믿을 만한 정당한 이유가 있다 하더라도 원칙적으로는 표현대리가 성립될 수 없을 것이다. 왜냐하면 임의대리의 경우에는 본인의 승낙이나 부득이한 사유가 없는 한 대리인은 복대리인을 선임할 수 없는 바, 위와 같은 경우 본인과 복표현대리인 사이에는 대리관계가 존재할 수 없기 때문이다.

표현대리를 법률외관법리에서 보면 일정한 표현대리권의 법률외관을 본인이 조성하였는가의 여부에 따라서 본인의 귀책성이 인정되는 것이기 때문에 표현대리인이 원시대리인인가 복대리인인가 또는 본인과 실제로 기본대리관계가 있는가 없는가의 여부는 문제될 바 없다. 그런데 국내의 통설·판례와 같이 기본대리권의 존재를 본인의 귀책근거로 삼게 되면, 대리인이 복임권 없이 복대리인을 선임한 경우 기본대리권의 존재라는 요건을 어떻게 충족시킬 것인가가 문제됨은 당연하다.

그럼에도 불구하고 국내의 학설은 이 문제에 대하여 별다른 언급도 하고 있지 않으며, 판례도 일관성 있고 합리적인 법리를 제시하지 못하고 있는 바, 그 주류는 복대리인 여부를 운운할 것이 아니라든가, 제126조의 표현대리인은 원시대리인에 한하는 것은 아니다라는 애매한 법리를 가지고, 기본대리권의 존재를 분명히 하지 않은 채 그대로 표현대리의 성립을 인정하고 있는 실정이다.[130)]

130) 이용박, 앞의 논문, 131면.

2) 본인의 귀책요건으로서의 기본권한의 수여

(1) 기본대리권의 존재를 본인의 보호요건으로 하는 경우의 문제점

㈎ 본인보호 측면에서의 문제점

전술한 바와 같이 통설이나 판례는 제126조의 권한을 넘은 표현대리에 있어서 기본대리권의 존재는 본인보호를 위한 요건으로 작용한다고 한다.[131] 즉 본인 이익의 정적 안전과 상대방 이익의 동적 안전과의 조화라는 관점에서 본인과 표현대리인 간에는 본래 대리권에 의한 결합이 필요하다고 한다.

그 예로서 대리권 없는 자가 위임장 또는 인감을 남용하여 대리행위를 한 경우에는 상대방이 그 진위를 판단할 수 없는 때에도 본조는 적용되지 않는다고 한다. 그러나 위의 사례를 반대로 생각할 경우, 즉 다른 종류의 근소한 기본대리권을 갖고 있는 자가 본인 몰래 본인의 인감도장 등 소유권이전등기에 필요한 일체의 서류를 위조 또는 도취하여 제3자에게 소유권 이전등기를 경료한 경우, 제3자의 정당한 신뢰를 보호하기 위해 본인은 책임을 면할 수 없게 된다.[132]

이와 같이 일정한 기본대리관계만 있으면 제3자가 신뢰한 대리인의 모든 월권행위에 대하여 본인이 무조건 책임을 지게 되면 본인의 정적 이익을 올바르게 보호할 수 없는 경우가 발생할 수 있다. 따라서 어떠한 기본대리권의 존재만으로 본인의 귀책근거를 삼는

131) 곽윤직, 앞의 책, 280~281면.
132) 이영준, 앞의 책, 579면.

것은 문제가 있으며, 이러한 이론체계는 지나치게 거래보호라는 동적 이익에 치우친 면이 없지 않다.

위와 같은 문제점은 통설도 인정하고 있는 바이며, 따라서 제126조의 권한을 넘은 표현대리에 있어서 기본대리권의 존재는 본인보호를 위한 최소한도의 요건이라고 규정한다. 즉 전혀 아무런 권한도 없는 경우에 있어서까지 제3자의 신뢰를 보호한다는 것은 지나치게 본인의 이익을 해치게 되므로 본인의 정적 안전의 보호를 위한 최소한도의 요건으로서 기본대리권의 존재가 필요하다고 하며, 본인의 책임을 가장 쉽게 인정하는 원인주의보다도 일보 전진하여 기본대리권의 존재만으로 본인의 귀책성을 인정하여야 한다고 주장한다.[133]

㈏ 거래보호 측면에서의 문제점

이상에서 살펴본 바와 같이 통설은 기본대리권의 존재를 본인보호를 위한 최소한도의 요건이라고 하나, 기본대리권의 존재는 126조의 표현대리 성립에 결정적 방해요인이 되기도 한다. 예컨대 일정한 대리권의 법률외관이 존재하여 상대방의 정당한 신뢰가 인정될 뿐만 아니라, 본인이 이러한 법률외관을 고의적으로 작성하여 본인의 귀책성이 명백히 인정되는 경우라 하더라도 본인과 표현대리인 사이에 실질적인 대리관계, 즉 기본대리권이 존재하지 않으면 권한을 넘은 표현대리는 성립할 수 없게 된다. 다시 말해 본인과 표현대리인 사이의 내부적인 대리관계의 존부에 의하여 정당한 신뢰자가 보호받을 수 없는 경우가 발생할 수 있다.

---

133) 곽윤직, 앞의 책, 280면.

이러한 문제점을 해결하기 위하여 학설은 기본대리권이 존재하지 않으면 권한을 넘은 표현대리는 성립되지 않는다는 원칙을 고수하면서도 경우에 따라서는 기본대리권의 적격성을 포괄적으로 해석하거나 표현대리의 경합적용이라는 이론을 전개함으로써 기본대리권이라는 요건을 완화하려는 태도를 보이고 있다.[134]

한편, 판례는 기본대리권에 대하여 일관성 있는 법리를 적용하고 있지 않다. 즉 원칙적으로는 기본대리권이 존재하지 않으면 권한을 넘은 표현대리가 성립될 수 없다고 하면서도 이른바 복표현대리의 경우에는 본인과 표현대리인 사이의 실질적인 대리관계를 명백히 하지 않은 채 표현대리의 성립을 인정하는가 하면, 엄밀한 의미에서 대리관계라 볼 수 없는 등기신청 행위나 인장수여 행위로 기본대리권의 존재라는 요건이 충족된다고 해석하기도 한다. 이와 같이 일관성 없는 판례의 태도는 개별적 사안에 따른 구체적 타당성은 별문제라 하더라도 법적 안정성이라는 측면에서 문제가 있다고 할 것이다.

이상에서 살펴 본 바와 같이, 제126조의 권한을 넘은 표현대리에 있어서 기본대리권의 존재를 본인의 귀책요건으로 삼는 것은 본인 보호와 거래의 보호라는 양 측면 모두에서 문제가 있다고 하겠다. 즉 기본대리권을 가지고는 본인의 귀책성을 올바르게 판단할 수 없을 뿐만 아니라, 거래의 안전을 보호하는 데에 있어서 기본대리권의 존재는 하나의 장애 요소로 작용하기도 한다.

134) 이용박, 앞의 논문, 133면.

(2) 기본대리권과 정당한 이유와의 상관성 문제

학설은 기본대리권의 존재와 정당한 이유라는 두 개의 요소를 권한을 넘은 표현대리의 성립요건으로 삼고 있다. 그런데 기본대리권과 정당한 이유와의 상관성에 관하여는 입장이 나누인다. 즉 기본대리권은 정당한 이유와 전혀 관계없는 별개의 요건으로 파악하는 견해[135]와 기본대리권은 정당한 이유를 판단함에 있어서 긴밀한 관계를 갖는다는 견해[136]로 나누어진다.

이 문제는 상대방의 정당한 신뢰가 본인의 과실이나 작위・부작위에 기초함을 필요로 하는가, 즉 정당한 이유를 판단함에 있어서 본인의 관여가 고려되어야 하는가 하는 문제와 직결된다. 만약 기본대리권과 정당한 이유와의 상관성을 인정하게 되면 상대방의 정당한 신뢰를 판단함에 있어서 당연히 본인의 행위를 고려하였음을 의미한다.

왜냐하면 본인의 수권행위에 의하여 발생한 기본대리권의 존재에 기인하여 상대방의 정당한 신뢰가 발생하여야 한다는 것은 이미 본인의 기본대리권의 수여라는 행위가 정당한 이유를 판단함에 있어서 고려되었음을 뜻하기 때문이다. 그런데 국내의 일부 학설은 상대방의 신뢰에 관하여 본인의 과실이나 행위가 원인이 되었어야할 필요는 없다고 하면서 동시에 대리권의 존재와 상대방의 신뢰와의 사이에는 인과관계가 있어야 한다고 주장한다.[137]

이러한 이론전개는 전후가 모순된 주장이다. 왜냐하면 임의대리

135) 곽윤직, 앞의 책, 280면.
136) 長尾治助, 表見代理論序説, 成文堂, 1971, 200頁.
137) 곽윤직, 앞의 책, 280면.

의 경우 본인과 대리인 사이의 기본대리권과 상대방의 신뢰에 인과관계가 있다는 것은 이미 본인의 기본대리권의 수여라는 행위가 상대방의 신뢰에 원인이 되었음을 의미하기 때문에 상대방의 신뢰가 본인의 과실이나 행위에 기인할 필요가 없다는 주장은 있을 수 없기 때문이다.

이와 같이 정당한 이유를 판단함에 있어서 본인의 관여는 고려할 필요가 없다는 것과 기본대리권과 상대방의 신뢰에 인과관계가 존재하여야 한다는 모순되는 주장을 동시에 하는 것은 잘못된 이론설정이라고 하겠다. 또한 정당한 이유가 있다고 하기 위해서는 본인의 과실이나 행위에 의거한 것인가를 묻지 않는다고 하면서, 정당한 이유를 판단함에 있어서는 대리행위의 상대방과 본인보호에 대한 이익교량이 실질적인 기준이 되어야 한다는 견해도 마찬가지의 문제점이 포함되어 있다.[138)]

이러한 이론구성은 정당한 이유를 판단함에 있어서 본인측의 귀책성을 배제함으로써 나타나는 문제점을 인식하고 이를 조금이나마 해소해 보려는 의도에서 비롯된 것이라고 하겠으나, 기본대리권과 상대방의 신뢰에 인과관계가 필요하다거나 정당이유의 판단에 있어서 본인의 이익도 교량하여야 한다는 주장을 하게 되면 상대방의 정당한 신뢰가 본인의 과실이나 행위에 기인할 필요가 없다는 주장은 더 이상 유지될 수 없는 것이라고 하겠다.

따라서 최근에는 정당한 이유를 판단함에 있어서 본인측의 사정도 고려하여야 한다는 학설이 유력하게 되었다.[139)] 즉 정당한 이유

---

138) 김용한, 앞의 책, 379면.

139) 김증한주재황 편, 주석 민법총칙(下), 한국사법행정학회, 1980, 407~408

는 상대방의 측면에서만 판단되어야 할 것은 아니며, 본인측의 사정도 포함한 제반사정을 참작하여 본인과 상대방의 어느 측을 보호할 것인가를 이익형량적으로 결정하여야 한다고 주장한다. 이러한 이익형량론은 거래의 동적이익만에 치중한 기존학설의 약점을 어느 정도 극복한 것이라고 할 수 있으나, 그 이론구성에는 역시 문제점이 있다. 먼저 본인측의 사정이 정당이유의 판단요소라고 하나 그것이 어떻게 판단요소로 작용하는 것인가의 내용이 명확하지 않다. 즉 본인의 과실, 작위・부작위는 제126조의 적용요건이 아니라는 것과 정당한 이유의 존부를 판단함에 있어서 이러한 사정을 고려해야 할 것인가라는 것과는 별개의 문제라고 하나,[140] 과연 어떻게 다른 문제인지 그 내용이 명확하지 않다.

결국 이익형량론은 기존의 통설이 주장하는 바와 같이 제126조의 요건으로서는 기본대리권의 존재와 정당한 이유가 필요하다는 이론구성을 그대로 유지한 채 단지 정당이유라는 요건의 판단요소로서 본인측의 사정이 포함된다는 것이라고 하겠다. 이와 같은 학설은 본인의 귀책요건을 재평가하였다는 점에서는 진일보한 것이라고 하겠으나, 아직 기존통설의 이론체계를 완전히 벗어난 것이라고 볼 수 없으며, 여러 가지의 이론적 문제를 남기고 있다고 하겠다. 물론 이러한 이론구성을 가지고도 본인의 귀책성을 정당히 평가하지 못하는 통설의 문제점을 어느 정도 보완할 수는 있을 것이다.

그러나 본인측의 사정이 정당한 이유의 판단요소로 작용한다고 하게 되면 기본대리권과 본인측 사정과의 관계는 어떻게 정립할 것

면.

140) 고상룡, 앞의 책, 580~582면.

인가가 문제된다. 왜냐하면 보통의 경우 정당한 이유의 판단요소로서의 본인측의 사정이란 바로 본인의 기본대리권의 수여행위가 되기 때문이다. 통설이 기본대리권과 정당한 이유를 전혀 상관없는 별개의 요건으로 파악하고 있는 것은 상대방의 신뢰가 본인의 과실이나 행위에 기초할 필요가 없다는 데서 비롯된 것이다.

다시 말해 정당한 이유는 바로 상대방의 선의·무과실을 의미하는 것으로, 이는 상대방의 측면에서만 판단되며 본인측의 사정은 여기서 문제가 되지 않는다는 입장을 취하기 때문에 기본대리권의 존재란 정당이유와는 관계없는 별개의 요건으로 파악되는 것이다. 따라서 본인의 과실이나 행위와 같은 본인측 사정이 정당한 이유를 판단함에 있어서 고려된다는 입장을 취하게 되면 당연히 기본대리권과의 상관성이 인정되기 때문에 본인측의 사정을 기본대리권의 존재라는 요건과는 관계없는 단지 정당이유의 판단요소로 파악하는 이론구성은 문제가 있는 것이다.[141)]

3) 판례의 분석과 귀책성 인정의 기준

구체적인 사례에 있어서 어떠한 기준으로 본인의 귀책성을 인정할 것인가 하는 문제는 그리 간단하지 않다. 이는 결국 본인이 기본권한을 수여함으로써 표현대리권의 법률외관을 어느 정도 작성하였는가, 또한 이러한 행위는 권한을 넘은 대리행위에 대한 귀책근거로서 충분한 것인가 하는 종합적 고려를 통하여 결정될 문제이다. 따라서 기본권한 수여행위 자체만으로 그 귀책성을 평가할 수

141) 이용박, 앞의 논문, 136~137면.

는 없는 것이며, 어디까지나 월권행위와의 관련성을 고려하여 본인의 귀책근거의 존부를 결정할 문제이다.

이하에서 판례에 나타난 구체적 사례를 살펴보고 이를 분석·평가함과 아울러, 본인의 귀책성에 대한 하나의 일반적 기준을 제시해 보기로 한다.

(1) 본인의 책임을 긍정한 사례

① 대법원 1963.11.7. 선고 63다610 판결

본인으로부터 부동산소유권이전등기 절차를 위임받아 등기제증과 본인의 인장을 소지하고 있는 자가 문서를 위조하여 인감증명을 교부받은 경우와 권한을 넘은 표현대리에 관하여, 「원고가 갑에게 본건 대지에 관하여 원고명의로 소유권이전등기절차를 하여 달라는 부탁을 하였다면 반대사유가 없는 이상 원고가 갑에게 위 대지에 관한 소유권이전등기절차에 있어서 사법서사에 대한 등기신청행위 위임 등에 관하여 대리권을 수여한 것이라고 볼 것이고, 그렇다면 피고와의 본건 근저당권설정계약에 있어서 갑이 위 대지에 대한 권리증서와 원고의 인장 내지 인감증명을 소지하고 있어서 비록 그것이 갑에 의하여 부당히 작성된 것이라 하더라도 피고가 갑에게 대리권한이 있다고 믿을 만한 정당한 이유가 있다면 권한을 넘은 표현대리를 인정 못할 바도 아니」라고 판시하였다.

② 대법원 1965.3.30. 선고 65다44 판결

「자기명의의 영업허가를 구청에서 내달라고 부탁한 후 거기에 사용하라고 자기의 인감인장을 내어 준 경우에는 대리권을 수여한 것으로 보아도 좋을 것」라고 판시하였다.

③ 대법원 1965.10.5. 선고 65다1542 판결

「원고가 회사의 상무이사취임등기절차를 갑에게 위임하고 그 절차에 사용케 하기 위하여 원고인장을 갑에게 임치하였는 바 갑이 그 임치된 원고인장을 이용하여 본건 부동산을 처분할 수 있다는 원고명의의 위임장 등을 위조하여 본건 부동산을 피고에게 매도하였다면 위 갑의 본건 매매행위는 원고가 수여하였던 대리권을 초과하여 한 행위라고 인정할 수 있으므로 원심으로서는 피고가 위 갑과 본건 매매행위를 하는 데 있어서 원고를 대리할 권한이 있다고 믿음에 있어서 정당한 사유가 있었는가의 여부를 심리판단하여야 한다」고 판시하였다.

④ 대법원 1967.3.28. 선고 64다1798 판결

아내가 남편에게 자기의 실인을 보관시킨 경우와 대리권 부여에 관하여, 「처가 남편에게 그의 실인을 교부하여 보관시키었다면 일응 일정한 대리권을 부여한 것이라 추측될 수 있으므로 원심이 실인을 보관시킨 사실만으로는 권한을 넘은 표현대리가 성립될 수 없다고 판단하였음은 위법이」라고 판시하였다.

⑤ 대법원 1967.5.23. 선고 67다621 판결

권한을 넘는 표현대리라고 보여지는 실례에 관한 판결로, 「대리인이 본인에게 자기가 일류회사에 취직하는데 보증인을 세움에 필요하다고 속여서 그로부터 인장과 인감증명을 받아내는 한편 본인 모르게 등기필증을 훔쳐내어 그 정을 모르는 타인과 근저당권 설정

계약을 한 다음 설정등기를 하고 그로부터 돈을 차용하였다면 본인이 대리인으로부터 기망당하여 인장과 인감증명서를 동인에게 교부하였다 하여도 본인은 동인에게 자기의 대리로 신원보증서를 작성하라고 교부한 것으로서 대리권을 수여한 것이라고 보아야 할 것이고 동인이 그 대리권의 권한외의 법률행위를 한 경우에 해당한다고 보아야 할 것이므로 표현대리의 성립이 가능하다」고 판시하였다.

⑥ 대법원 1968.11.5. 선고 68다1501 판결

「회사업무처리상의 필요로 개인의 인장을 교부받은 자가 그 인장을 사용하여 그 개인명의로 약속어음의 연대보증을 한 경우에는 권한을 넘은 표현대리의 전제가 될 대리권을 수여하였다고 볼 수 있다」고 판시하였다.

⑦ 대법원 1969.7.22. 선고 69다548 판결

권한을 넘은 표현대리의 요건에 관하여, 「피고 갑이 피고 을에게 지역사회개발관계서류에 사용하라고 하여 인장을 임치하였다면, 갑은 을에게 특별한 사정이 없는 한 지역사회개발관계행위의 대리권을 부여하였다고 볼 것」이라고 판시하였다.

⑧ 대법원 1971.5.31. 선고 71다847 판결

건축공사를 도급받은 자가 현장 대리인을 정하여 도급인에게 그 취지를 신고하고 지정된 현장 대리인은 공사현장에서 대리인으로 행세한 사안에 관하여, 「건축공사수급인이 현장대리인을 정하여 도급인에게 그 취지를 신고하고 지정된 현장대리인이 공장현장에서 그 공사에 관하여 대리인으로 행세하였다면 동인은 수급인으로부터

그 공사에 관하여 대리권을 수여받았다 할 것이고, 그 대리인이 권한외의 행위를 하고 제3자가 그 권한이 있다고 믿을 만한 정당한 이유가 있는 때는 그 행위에 대하여 수급인이 책임을 부담하여야 한다」고 판시하였다.

⑨ 대법원 1974.8.20. 선고 74다976 판결

「원심이 약속어음의 기재중 피고의 배서인으로서의 기명날인부분은 소외 갑이 소외 을의 공장허가신청에 필요하다고 피고를 속여 피고로부터 교부받은 인감을 부정사용하여 작성한 것이라는 사실을 인정한 이상 이는 피고가 소외 갑에게 대하여 기본적 대리권을 부여한 것이라고 인정한 셈이 된다고 할 것인데도 기본적 대리권에 관한 주장입증이 없다 하여 권한을 넘은 표현대리주장을 배척하였음은 이유모순의 위법을 범한 것」이라고 판시하였다.

⑩ 대법원 1974.10.8. 선고 74다557 판결

「원고 소유의 본건 임야에 관하여 당초 원고 명의로 소유권이전등기를 경료할 당시 원고의 부인 소외인이 원고를 대리하여 등기를 하였다면 그 후 위 소외인이 본건 임야를 피고에게 매도함에 있어서도 위 소외인과 원고 사이에 기본적인 대리관계가 없었다고 할 수 없는 것이므로 원심이 피고가 위 소외인을 원고의 대리인으로 믿었음에 정당한 사유가 있었는지 여부에 대하여 심리하지 아니한 채 막연히 위 소외인과 원고 사이에 기본적 대리권이 존재하지 아니한다고 하여 피고의 표현대리 주장을 배척하였음은 심리미진의 위법이 있다」고 판시하였다.

⑪ 대법원 1975.3.25. 선고 74다432 판결

「원고가 그 소유 부동산에서 기와 제조공장을 운영하다가 그 자인 소외 갑에게 금원 차용을 포함한 동 공장운영관리권을 위임하였고 갑이 동 부동산 일부를 타인에게 임대하는 것을 승인한 바도 있었다면 위와 같은 원고의 수권은 갑이 동 부동산을 피고은행에 저당하고 융자를 받은 행위를 표현대리라고 인정함에 필요한 기본적 대리권이 된다고 인정된다」고 판시하였다.

⑫ 대법원 1978. 3.28. 선고 78다282 판결

등기신청인과 등기신청행위가 기본대리권인 경우 권한을 넘은 표현대리의 성립 여부에 관하여, 「기본대리권이 등기신청행위라 할지라도 표현대리인이 그 권한을 유월하여 대물변제라는 사법행위를 한 경우에는 표현대리의 법리가 적용된다」고 판시하였다.

(2) 본인의 책임을 부정한 사례

① 대법원 1969.10.14. 선고 69다1384 판결

표현대리의 법리를 오해하여 심리미진, 이유불비의 잘못이 있는 경우에 관하여, 「소외 갑이 이 사건 부동산에 관한 소유권이전등기 소요서류를 원고를 위하여 보관하고 있었고 또 원고로부터 이 사건 부동산의 관리권을 수여받았다 하더라도 다른 특별한 사정이 없는 이상 이러한 사실만 가지고서는 소외 갑이 원고로부터 이 사건 부동산의 처분에 관한 대리권을 수여받는 것이라고 볼 수 없다 할 것」이라고 판시하였다.

② 대법원 1970.2.24. 선고 69다2011 판결

권한유월의 표현대리를 인정함에 있어 채증에 관한 우리의 경험칙에 어긋난 위법이 있는 실례에 관한 판결로, 「단순히 매매의 중개를 부탁한 사실을 들어 그 매매에 있어 대리권을 수수한 취지로 단정하고 권한유월의 표현대리를 인정하는 것은 채증에 관한 우리의 경험칙에 어긋난다」라고 판시하였다.

③ 대법원 1972.8.22. 선고 72다929 판결

「피고 농협의 예금취급소장이 예금가입자인 원고로부터 적금불입을 위임받아 보관중인 원고의 인장을 부정사용하여 원고가 피고 농협으로부터 금 3,500,000원을 대출받은 양 관계서류를 위조하여 이를 인출횡령한 경우에 위 예금취급소장은 피고를 대리하는 자이므로 금원인출행위가 원고의 표현대리행위에 해당하지 않는다」고 판시하였다.

④ 대법원 1973.6.5. 선고 72다2617 판결

「원고가 소외인에게 부동산을 관리시키면서 그 인감도장을 보관시킨 사실이 있다 하여 처분권한을 수여하였다 할 수 없으므로 표현대리가 성립될 수 없다」라고 판시하였다.

⑤ 대법원 1977.5.24. 선고 76다2934 판결

표현대리의 성립과 기본대리권의 존재에 관하여, 「소외 회사는 과거 피고가 이사로 있을 당시부터 이사들의 등록된 인장을 보관한 바는 있으나 그것이 필요할 때는 그 때마다 개별적으로 각 이사의 승낙을 얻어서 사용하였을 뿐 인장보관과 동시에 포괄적인 대리권

을 수여받은 바가 없다면 그와 같은 포괄적인 대리권을 수여한 바 있었음을 전제로 한 본건 연대보증행위에 대해 대리권 소멸 후의 표현대리를 인정할 수 없고 또 위와 같이 본건 대부 당시 소외 회사나 그 대표이사가 피고를 대리할 수 있는 대리권이 없었다고 부정되는 이상 그와 같은 대리권 음을 전제로 한 권한유월로 인한 표현대리 또한 성립될 여지가 없다」고 판시하였다.

⑥ 대법원 1978.10.10. 선고 78다75 판결

인감증명서의 교부를 표현대리를 인정할 기본대리권의 수여로 볼 수 있는지 여부에 관하여, 「인감증명서는 인장사용에 부수해서 그 확인방법으로 사용되며, 인장사용과 분리해서 그것 만으로서는 어떤 증명방법으로 사용되는 것이 아니므로 인감증명서만의 교부는 일반적으로 어떤 대리권을 부여하기 위한 행위라고 볼 수 없다」고 판시하였다.

⑦ 대법원 1982.4.13. 선고 81다408 판결

대리권수여를 인정하기 어렵다고 본 예로, 「원고가 부동산 소개업자인 소외인에게 "가옥이동용"의 인감증명만을 교부하여 부동산 매매의 알선을 부탁한데 그치고 원고의 인감은 위 소외인이 사위의 방법으로 이를 교부받은 것이라면 원고가 동 소외인에게 매매 기타 처분의 권한까지 수여한 것이라고 보기 어렵고, 기본대리권이 없는 이상 권한유월의 표현대리는 성립할 여지가 없다」고 판시하였다.

⑧ 대법원 1984.10.10. 선고 84다카780 판결

기본적인 대리권이 없음에도 표현대리관계가 성립한다고 잘못 판

단한 사례로서, 「기본적인 어떠한 대리권도 없는 자에 대하여 대리권한의 유월 또는 소멸 후의 표현대리관계는 성립할 여지가 없는 것인 바, 피고가 소외 갑의 원고와의 상거래에 대한 재정보증서와 그에 필요한 인감증명서 및 납세증명서를 위 갑의 언니인 소외 을에게 우송하였음에 지나지 아니한 것이라면 위 을이 자기가 갑이라고 참칭하고 원고와 상거래를 함에 있어 위 재정보증서 등을 사용하였다는 사실 만으로서는 위 을이 피고로부터 표현대리를 인정할 기본적 대리권을 수여받은 것이라고 볼 수 없다」고 판시하였다.

(3) 판례의 분석 및 평가

본인이 어떠한 기본권한도 수여한 사실이 없는 경우와 같이, 일정한 표현대리권의 법률외관이 전혀 본인과 무관한 때에는 본인의 귀책성은 인정될 수 없다. 이 점에 대해서는 판례도 어떠한 기본대리권의 수여도 없는 경우, 권한을 넘은 표현대리는 성립할 수 없다는 일관된 태도를 취하고 있음은 전술한 바와 같다. 그러나 표현대리인이 권한을 넘은 대리권을 갖고 있다는 법률외관이 거의 완벽하게 본인에 의하여 작성된 경우에는 당연히 본인이 책임을 지게 된다.

이러한 사례는 예를 들어 본인이 부동산의 등기절차나 저당권설정을 위임하기 위해 인장, 위임장 및 등기권리증 등 거래에 필요한 일체의 서류를 대리인에게 교부하였는 바, 대리인이 이를 이용하여 제3자에게 위 부동산을 매각한 경우 본인에게 제126조의 표현대리책임을 인정한 ① 대법원 1963.11.7. 선고 63다610 판결 및 ⑫ 대법원 1978. 3.28. 선고 78다282 판결에서 잘 나타난다. 또한 ⑧ 대법원 1971.5.31. 선고 71다847 판결 및 ⑪ 대법원 1975.3.25. 선고 74다432 판결과 같이 매우 포괄적인 대리권을 수여한 경우에는 본인의 귀책성이 쉽게 인정될 수 있음은 물론이다.

그런데 표현대리권의 법률외관을 이루는 개개의 사실이 모두 본인에 의하여 작성된 경우에만 본인의 책임이 인정될 필요는 없을 것이다. 법률외관의 핵심적 부분이 본인에 의하여 작성되었다면 그 일부분이 본인과 무관할지라도 본인의 귀책성은 인정될 수 있을 것이며, 이러한 사례는 인장이 교부된 경우 잘 나타난다. 또한 실제로 월권표현대리에 있어서 본인의 귀책성의 인정여부가 문제로 되는 것은 주로 인장과 관련된 경우이다. 예컨대 본인이 자기의 인장을 타인에게 보관시키거나 교부한 경우, 인장소지자는 이 인장을 이용하여 위임장 기타 대리거래에 필요한 모든 서류를 위조할 수가 있다.

이와 같이 본인의 인장이 날인되어 작성된 문서는 진정한 것으로 추정을 받는다. 다시 말해, 날인된 인영이 본인의 것으로 확인된 문서는 본인이 직접 작성한 것으로 추정을 받기 때문에 강한 법률외관이 조성될 수가 있다. 따라서 타인에게 자기의 인장을 맡기는 행위는 그 자체가 모든 표현대리권에 대하여 하나의 법률외관조성행위가 될 수 있으며, 판례에서도 이러한 인장교부와 관련하여 본인의 귀책성이 문제되는 경우가 많다. 판례의 일반적인 태도를 살펴보면, 별다른 목적 없이 단지 인장만을 타인에게 보관시킨 경우에는 본인의 귀책성을 긍정하지 않으나, 어떠한 권한수여를 위해 인장을 교부한 경우에는 대체적으로 본인의 책임을 인정하고 있음을 알 수 있다.

이러한 판례의 입장은 본인의 귀책성을 인정함에 있어서 원인주의에 바탕을 둔 것으로 생각되나 본인보호의 측면에서 문제가 있다고 생각된다. 예컨대 저당권설정을 위해 인장과 등기권리증 등을 교부하였는데 대리인이 이를 이용하여 목적부동산을 매각해 버린 경우와 같이, 기본권한수여행위와 권한을 넘은 대리행위가 밀접한 관련성이나 유사성이 있는 때에는 본인의 책임을 인정하여도 무방하다고 하겠으나, 위의 판례 중 ③ 대법원 1965.10.5. 선고 65다1542 판결, ⑤ 대법원 1967.5.23. 선고 67다621 판결, ⑥ 대법원 1968.11.5. 선고 68다1501 판결, ⑨ 대법원 1974.8.20. 선고 74다976 판결과 같이 인장교부행위와 월권행위가 전혀 상관이 없는 경우, 특히 위의 사례 5, 9번과 같이 단지 표현대리인의 기망행위에 의하여 인장을 수여한 경우까지 귀책성을 인정하는 것은 지나치게 거래보호에 편중된 사고이며, 본인보호에 소홀함이 있다고 생각된다. 판례의 흐름을 살펴보아도 1970년 중반 이후에는 어느 정도 본인의 귀책성을 인정함에 있어서 신중을 기하고 있는 태도를 보이고 있는 바, 단지 인장의 교부만으로 기본대리권의 요건을 인정한 사례는 거의 나타나고 있지 않은 실정이다.

이상에서 살펴본 바와 같이, 구체적인 경우에 본인의 귀책성을 판단하는 것은 그리 간단한 문제가 아니다. 기존의 통설·판례와 같이 본인과 표현대리인 사이에 아무런 대리관계만 존재하면 본인의 책임이 인정될 수 있다는 주장은 그 이론구성의 문제점은 차치하고라도 지나치게 거래의 동적 이익에만 치중한 입론이라 하겠다. 한편, 본인의 귀책성 인정에 너무 신중을 기하게 되면 본인보호에는 충실할 수 있으나, 정당한 신뢰자를 보호할 수 없게 되어 대리거래의 원활을 해치는 결과가 초래될 것이다.

따라서 표현대리권의 법률외관이 본인에서 비롯된 것이면 무조건 책임을 인정하는 원인주의는 본인의 귀책요건을 거의 포기하는 것이라 하겠으며, 또한 본인의 엄격한 과실을 요구하는 것도 지나친 것이라 하겠다. 요컨대, 자기의 위험영역 내에서 표현대리권의 법률외관이 형성되었고 제3자가 이를 정당히 신뢰한 경우에는 본인의 과실유무를 불문하고 본인의 귀책성이 인정된다고 하겠다. 즉, 본인이 자기의 행동이 거래사회에서 갖는 전형적 의미를 인식하지 못하였다하더라도 어떤 자에 대한 일정한 권한수여행위가 제3자로 하여금 그 권한외의 대리권이 있다고 믿을 만한 법률외관의 위험을 수반하는 경우에는 본인의 책임이 인정된다고 할 것인 바, 실제의 경우에는 그 법률외관의 내용에 따라 많은 차이가 있을 수 있으며, 거래관계에서 나타난 구체적 사정을 종합적으로 고려하여 판단하여야 할 것이다.

4. '권한이 있다고 믿을 만한 정당한 이유'라는 요건

권한을 넘은 표현대리가 성립하기 위해서는 '권한을 넘은 대리행위'라는 요건과 제3자가 권한 있다고 믿을 만한 '정당한 이유'가 있을 때라는 요건이 필요하다. 정당한 이유라는 요건에서는 먼저 그 의미를 어떻게 파악할 것이며, 그 판단기준에는 어떠한 요소가 포함되는가 하는 기본적 개념설정과 이론구성의 문제를 비롯하여 정당한 신뢰가 보호되는 제3자의 범위와 정당한 이유의 존재시기 등이 문제로 된다. 뿐만 아니라 제3자의 보호요건이라 할 선의·무과실의 입증책임은 누가 지는가, 또한 구체적으로 어떠한 경우에 정당한 이유가 인정될 수 있는가 하는 실질적 내용을 어떻게 유형화하여 효율적으로 파악할 수 있는가가 문제이다.

이러한 문제에 대하여 학설은 여러 측면에서 날카로운 대립을 보이고 있으며, 아직 체계적인 이론정립이 되어 있지 않은 실정이라 할 수 있다. 이하에서 개별적인 문제에 대하여 살펴보기로 한다.

1) 제3자의 범위

본조에서 말하는 '제3자'는 표현대리행위의 상대방만을 의미한다는 것이 통설이다. 따라서 이러한 상대방의 신뢰에 정당한 이유가 인정되지 않는 이상 그 이후의 전득자는 선의·무과실이라고 하여도 본조는 적용될 수 없다. 판례도 「표현대리에 관한 민법 제126조의 규정에서 제3자라 함은 당해 표현대리행위의 직접 상대방이 된 자만을 지시하는 것이고, 약속어음의 지급보증은 발행인을 위하여 그 어음금채무를 담보할 목적으로 하는 보증인의 단독행위이므로 그 행위의 구체적, 실질적인 상대방은 어음의 제3취득자가 아니라 발행인이라 할 것이어서 약속어음의 지급보증 부분이 위조된 경우, 동 약속어음을 배서, 양도받는 제3취득자는 위 지급보증행위가 민법 제126조 소정의 표현대리행위로서 지급보증인에게 그 효력이 미친다고 주장할 수 있는 제3자에 해당하지 않는다」고 판시하여[142], 동일한 입장을 취하고 있다.

2) 정당한 이유의 의의

본조의 '정당한 이유'가 있다는 것은 보통인이라면 표현대리인에게 권한을 넘은 대리권이 있다고 믿는 것이 당연하다고 할만한 일반적이고 객관적인 사정이 존재할 뿐만 아니라, 이에 대한 상대방의 신뢰에 정당성이 인정된다는 것을 의미한다고 하겠다. 여기서 신뢰에 정당성이 인정된다는 것은 말을 바꾸면 상대방의 선의·무과실을 뜻하는 것이라고도 할 수 있다.

따라서 비록 상대방의 신뢰를 뒷받침하기 충분한 법률외관이 존재하더라도 상대방이 내부적 사정을 알고 있는 바와 같은 특별한 사정이 있는 경우에는 상대방의 신뢰에 정당성이 인정될 수 없는 것인 바, 정당한 이유라는 요건에는 권한을 넘은 표현대리권의 법률외관의 존재와 상대방의 선의·무과실이 모두 포함되는 것이라 하겠다. 정당한 이유를 위와 같이 해석하면서, 제126조의 표현대리의 성립요건을 법률외관법리에 의하여 설명하면 다음과 같다.

전술한 기본권한의 수여행위라는 요건이 본인의 귀책성이라는 내부적 요건을 충족시킨다면, 정당한 이유라는 요건은 법률외관의 존재와 상대방의 선의·무과실이라는 두 개의 요소를 모두 포괄하는 외부적 요건을 가리키는 것이라고 하겠다.

결국 정당한 이유라는 요건이 인정되기 위해서는 두 단계의 판단과정이 필요한 바, 첫째는 객관적이고 일반적인 법률외관의 존재여부와 둘째는 상대방 신뢰의 구체적이고 개별적인 정당성 여부가 판단되어야 할 것이다. 그러나 상대방 신뢰의 정당성 여부를 판가름

142) 대법원 1986.9.9. 선고 84다카2310 판결.

하기 위하여 언제나 위와 같은 두 단계의 판단과정을 모두 거쳐야 할 필요는 없을 것이다. 만약 상대방의 신뢰를 뒷받침하는 법률외관의 존재가 불충분한 것이라면, 다음 단계의 판단과정에 들어갈 필요도 없이 정당한 이유는 인정될 수 없게 된다.

이와는 반대로, 상대방의 신뢰를 뒷받침하기에 충분한 객관적인 사정이 존재하는 경우 일응 상대방의 신뢰에 정당성이 인정될 수 있으며, 다음 단계의 판단과정을 거치게 된다고 하겠다. 한편, 일반적인 법률외관이 존재한다고 하여 무조건 정당한 이유가 인정되는 것은 아니며, 구체적·개별적인 상대방의 선의무과실이 다시 문제로 될 수 있다. 즉, 실제로 제3자가 대리권 없음을 알았거나, 제3자가 특별한 지위로 인하여 대리권유무의 확인조사의무를 가지고 있는 바와 같은 특별한 사정이 있는 경우에는 아무리 표현대리인에게 권한이 있다고 믿기에 충분한 객관적이고 일반적인 사정이 있었다 하더라도 신뢰의 구체적 정당성은 인정될 수 없다.

물론 위와 같은 특별한 사정이 없으면 객관적인 법률외관의 존재가 바로 상대방의 선의·무과실을 추정토록 하는 전제적 사실이 될 수 있을 것이다. 요컨대, 정당한 이유의 유무는 거래 당시의 모든 사정, 즉 일반적인 법률외관의 존재여부와 상대방 신뢰의 구체적 정당성 여부를 전부 참작하여 판단하여야 할 것이다.

이와 같이 정당한 이유라는 요건은 법률외관의 존재와 상대방의 선의·무과실이라는 두 요소를 모두 포함하는 외부적 요건으로 보아야 할 것이며, 법률외관의 존재라는 요소는 어떠한 외부적 사실이 존재하는 경우에 권한을 넘은 표현대리가 성립될 수 있는가 하는 일반적이고 객관적인 법률외관 존부의 판단기준이라 하겠고, 상대방의 선의・무과실이라는 요소는 위와 같은 법률외관의 존재를 전제로 하여 구체적이고 개별적인 상대방 신뢰의 정당성 여부의 판단기준으로 작용하는 것이라 하겠다. 그런데 국내학설의 대부분은 정당한 이유가 있다는 것은 바로 상대방의 선의・무과실을 의미한다고 주장한다.

물론 상대방의 선의・무과실이 인정되기 위해서는 표현대리권의 법률외관의 존재가 전제로 됨은 물론이다. 그러나 통설과 같이 정당한 이유라는 요건이 곧 상대방의 선의・무과실만을 의미하는 것으로 축소 해석하게 되면 권한을 넘은 표현대리의 객관적 요건인 법률외관의 실체적 내용을 파악하는 데에 있어서 소홀하게 될 염려가 있을 뿐만 아니라, 후술하는 입증책임의 문제를 해결하는 데에 있어서도 혼란을 가져오게 된다.[143]

3) 정당한 이유의 입증책임

제126조는 권리근거규정이며, 이의 요건사실인 정당한 이유의 입증책임은 이를 주장하는 상대방에 있음은 당연하다. 판례도 「계약체결의 대리권을 상대방을 특정하여 부여할 수 있는 것이며 본조에 의한 표현대리 행위로 인정된다는 점의 주장 및 입증책임은 그것을 유효하다고 주장하는 자에게 있는 것」이라고 판시하고 있다.[144]

그런데 국내의 다수설은 정당한 이유는 바로 상대방의 선의・무과실을 의미하며, 이에 대한 입증책임은 제125조와 제129조의 표

143) 이용박, 앞의 논문, 149～151면.
144) 대법원 1968.6.18. 선고 68다694 판결.

현대리의 경우와 다르게 다루어야 할 특별한 이유가 없으므로 역시 본인에게 입증책임이 있다고 주장한다.[145] 그러나 이러한 견해는 지나치게 피상적인 주장이 있다.[146]

그 이유는 제125조나 제129조의 경우에는 대리권의 수여표시와 대리권의 존속이라는 법률외관의 존재를 전제로 상대방의 선의·무과실이 일응 추정되는 상황에서 상대방의 악의·유과실의 입증책임이 문제되는 것이며, 조문구조상으로도 본조의 경우와는 다르게 규정되어 있기 때문이라고 한다. 본조에서 말하는 정당한 이유, 즉 상대방의 선의·무과실은 상대방의 주장만으로 인정될 수 있는 단순한 심리적 사실을 뜻하는 것은 아니며, 어디까지나 이를 뒷받침하는 객관적 사실을 입증함으로써 인정되는 것이다. 따라서 권한 있다고 믿음에 정당한 이유가 있다는 사실의 객관적 입증책임은 원칙적으로 이를 주장하는 상대방에게 있다고 할 수 있다.

한편, 상대방이 자기의 신뢰를 뒷받침하는 객관적 법률외관의 존재를 증명함으로써 의·무과실이 일응 추정되는 경우, 상대방의 악의·유과실을 뒷받침하는 어떤 특별한 사정이 존재한다는 증거제출책임이 본인에게 있음은 물론이다. 그러나 이러한 경우는 일종의 간접반증에 속하는 주관적 입증책임의 문제이며, 정당한 이유라는 요건사실의 객관적 입증책임을 정하는 것과는 차원을 달리하는 문제로서 다수설은 이점을 혼동하고 있는 것으로 생각된다.

이에 대하여 판례는 「권한을 넘은 표현대리에 있어서 본인에게

---

145) 김용한, 앞의 책, 378면 ; 김주수, 앞의 책, 393면 ; 장경학, 앞의 책, 593면.

146) 이용박, 앞의 논문, 151～152면.

대리인이 한 책임을 지우게 하려면 제3자인 상대편이 선의였다는 점과 아울러 그가 대리인에게 대리할 권한이 있다고 믿을 만한 정당한 이유가 있었다는 점만을 판정하면 되는 것이지, 제3자가 무과실이었다는 점을 판단할 필요가 없다. 왜냐하면 제3자의 선의와 제3자가 대리인에게 그 권한이 있다고 믿을 만한 정당한 이유가 있다 함은 한편으로는 제3자에게 과실이 없다는 것까지도 나타내기 때문이다」라고 하여 그 논지가 명백한 것은 아니지만, 상대방의 신뢰를 뒷받침하는 객관적 사실인 정당한 이유에 의하여 상대방의 무과실이 추정되며, 이 경우 본인측의 특별한 주장·입증이 없는 한 정당한 이유라는 요건은 그대로 인정된다는 법리를 판시한 것으로 볼 수 있을 것이다.

4) 정당한 이유의 존재시기

정당한 이유의 존부에 대한 판단의 기준시기는 표현대리행위 당시가 됨은 물론이다. 즉 표현대리행위 후 상대방의 신뢰를 정당화하는 사실이 있었다고 하여 거래당시의 신뢰의 하자가 치료될 수는 없는 것이다. 판례도 「권한을 넘은 표현대리에 있어서 대리인에 그 권한이 있다고 믿을 만한 정당한 이유가 있는가의 여부는 대리행위(매매계약) 당시를 기준으로 하여 판정하여야 하는 것이므로 무권대리인이 매매계약 후 잔대금 수령시에 가서야 비로소 본인 명의의 등기권리증, 인감증명서, 위임장, 매도증서 등을 상대방에게 제시한 사정만으로는 상대방이 무권대리인에게 그 권한이 있다고 믿을 만한 정당한 이유가 된다고 할 수 없다」고 판시하였다.[147]

또한 「권한을 넘은 표현대리에 있어서 대리인에게 그 권한이 있다고 믿을 만한 정당한 이유가 있는지의 여부를 판정할 시기에 관하여, 「권한을 넘은 표현대리에 있어서 무권대리인에게 그 권한이 있다고 믿을 만한 정당한 이유가 있는가의 여부는 대리행위(매매계약) 당시를 기준으로 결정하여야 하고, 매매계약 성립 이후의 사정은 고려할 것이 아니므로 무권대리인이 매매계약 후 그 이행단계에서야 비로소 본인의 인감증명과 위임장을 상대방에게 교부한 사정만으로는 상대방이 무권대리인에게 그 권한이 있다고 믿을 만한 정당한 이유가 있었다고 단정할 수 없다」고 판시하였다.[148]

한편, 설령 거래 당시 존재하였던 사실이라고 하더라도 상대방이 권한 있다고 믿음에 영향을 주지 않은 사실, 즉 상대방이 모르고 있는 사실은 정당이유를 판단함에 있어서 고려 대상이 될 수 없다고 하겠다. 이에 대하여, 표현대리행위에 의한 급부를 수령하여 이를 어디에 지출하였는가 하는 사실도 고려하여 부부간의 표현대리의 성립을 인정한 판례[149] 등을 들어, 정당한 이유의 판단은 대리

147) 대법원 1981.8.20. 선고 80다3247 판결.

148) 대법원 1981.12.8. 선고 81다322 판결.

149) 남편 부동산의 처분에 관한 아내의 대리권은 이례에 속하므로 본조 소정의 표현대리가 되려면 아내에게 가사대리권이 있다는 것만으로는 부족하고 남편이 아내에게 그 행위에 관한 대리의 권한을 주었다고 믿었음은 정당화할 만한 객관적인 사정이 있어야 할 것이다(대법원 1970.3.10. 선고, 69다2218 판결); 남편이 정신병으로 장기간 병원에 입원함에 있어서, 입원비 생활비, 자녀교육비 등을 준비하여 두지 않은 경우에 그 아내에게 가사대리권이 있었고, 남편 소유의 가대를 적정가격으로 매도하여 그로서 위 비용에 충당하고 나머지로서 대신 들어가 살 집을 매수하였다면 매수인이 이러한 사유를 알았건 몰랐건 간에 객관적으로 보아서 그 아내에게 남편의 대리권이 있다고 믿을 만한 정당한 사유가 된다고 보아야 할 것이다(대

행위시가 기준이 되지 않으며, 사실심의 변론종결시까지 존재하는 모든 사정을 고려하여야 한다는 주장이 있다.[150)]

이에 대하여 해당 판례는 부부간에 권한을 넘은 표현대리가 문제된 특수한 경우이며, 이러한 판례가 위와 같은 사실을 고려한 것은 판결의 구체적 타당성을 위한 이유설시로 볼 것이지, 이를 정당한 이유의 판정시기에 관한 일반법리로 보는 것은 잘못된 견해라는 비판이 있다.[151)]

5) 정당한 이유와 본인의 귀책성

'권한을 넘은 대리행위'라는 요건이 본인의 귀책성이라는 내부적 요건을 말하고, 정당한 이유라는 요건은 법률외관의 존재와 상대방의 선의·무과실이라는 외부적 요건을 가리키는 것으로 이론구성하는 경우 정당한 이유를 판단함에 있어서 본인의 귀책성을 다시 문제시할 필요는 없다. 그러나 기본대리권의 존재만으로 본인의 책임이 인정될 수 있고, 이를 정당한 이유와는 별개의 요건으로 다루는 통설의 입장에서는 정당한 이유를 판단함에 있어서 본인의 귀책성도 고려하여야 하는가가 문제로 될 수 있다.

이에 대하여, 통설은 상대방의 신뢰가 본인의 과실이나 작위·부작위에 기인할 필요가 없다고 하여 본인의 귀책근거는 정당한 이유의 판단요소가 아니라는 입장을 취하고 있는 바, 최근에는 본인과 상대방의 이익형량적 발상에서 정당한 이유는 상대방의 측면에서만

법원 1970.10.30. 선고, 70다1812 판결).

150) 이영준, 앞의 책, 598면.

151) 이용박, 앞의 논문, 153~154면.

판단되어야 할 것은 아니며, 본인측의 사정도 포함한 제반사정을 참작하여 결정할 문제라는 유력한 학설이 주장되고 있다.[152)]

상대방의 신뢰에 정당성이 인정되는 한 이에 대한 본인측의 관여는 고려할 필요가 없으며, 기본대리권의 존재만으로 본인의 표현대리책임이 인정되어야 한다는 통설의 이론구성은 사법의 대원칙이라 할 '사적자치'나 '자기책임'의 원칙에 위배되는 입론으로 본인의 귀책근거를 적절히 평가할 수 없다는 비판을 면할 길이 없다고 하겠다.

한편, 통설의 문제점을 시정하기 위하여, 정당한 이유를 판단함에 있어서 본인측의 사정도 고려되어야 한다는 이익형량론도 그 이론구성에는 역시 문제가 있다고 할 수 있다. 즉, 본인의 귀책성과 기본대리권과의 관련성을 도외시하고 있는 점에 근본적인 문제가 있을 뿐만 아니라, 본인측의 사정은 본조의 적용요건이 아니라는 것과 정당한 이유의 판단요소라는 것과는 별개의 문제라고 주장하나, 그 의미하는 바가 무엇인지가 명확하지 않다.[153)]

5. 정당한 이유에 관한 판례의 분석 및 유형화

제126조의 권한을 넘은 표현대리는 그 구성요건이 가장 포괄적이며 적용사례가 가장 많은 표현대리의 대표적인 것으로 어떠한 거래유형에서도 문제될 수 있기 때문에 그 핵심적 성립요건이라 할

---

152) 이영준, 앞의 책, 598면.
153) 이용박, 앞의 논문, 154면.

정당한 이유의 구성내용도 매우 다양할 수밖에 없으며, 구체적 사례에 있어서 정당이유의 인정여부를 판단하는 것은 그리 간단한 문제가 아니다.

전술한 바와 같이, 상대방이 표현대리인에게 권한이 있다고 믿음에 정당한 이유가 있다는 것은 그 신뢰를 뒷받침하는 객관적 사정이 존재함을 의미하며, 단지 상대방이 자칭 대리인의 말만 믿고 거래를 한 바와 같은 경우는 상대방의 신뢰는 보호할 가치가 없다고 하겠으며, 실제로 그러한 대리권이 존재하지 않는 한 이는 무권대리에 불과하며 표현대리가 성립될 여지가 없다고 하겠다.

이와 같이 정당한 이유의 인정여부가 문제된다는 것은 이미 상대방 신뢰의 객관적 정당성을 보장할 수 있는 어떠한 법률외관이 존재함을 전제로 하는 것이라 하겠는 바, 이러한 법률외관의 태양은 매우 다양하며, 거의 모든 대리거래관계에 있어서 권한을 넘은 표현대리가 성립될 수 있다고 하겠다. 그러나 실제 거래사회에 있어서 제126조의 표현대리가 문제되는 거래유형은 본인의 인장 특히 인감도장이나 인감증명을 이용한 인적·물적 담보제공행위나 등기서류를 이용한 부동산처분행위 및 본인의 인장이나 어음·수표용지를 이용한 어음·수표행위가 대부분의 경우를 차지하고 있음은 후술하는 바와 같다.

한편, 표현대리인은 자기의 사익을 위하여 이러한 법률외관을 악용하는 경우가 보통이기 때문에 위와 같은 거래관계는 금전수령행위를 수반하는 경우가 많다고 하겠다.

그렇다면 과연 어떠한 경우에 정당한 이유가 있다고 할 것인가가 문제인데, 이는 거래당시 존재하는 모든 사정을 참작하여 판단할 문제이며, 동일한 사항이 경우에 따라서는 정반대의 판단요인으로 작용할 수도 있기 때문에 정당한 이유의 판단기준을 일률적으로 제시할 수는 없다고 하겠다. 결국 상대방 신뢰의 정당성 유무는 개별적 사안에 따라 해결될 문제라고 할 수 있다.

1) 긍정 판례

(1) 기본대리권과 월권행위가 동종인 경우

㈎ 거래 상대방이 본인의 지시와 다른 경우

① 대법원 1960.2.4. 선고 4291민상508 판결

권한을 넘는 표현대리의 실례로, 「은행융자에 관하여 본인명의로서 스스로 의사표시를 하고 또는 의사표시를 수령할 권한이 부여된 복대리인이 부동산을 담보로 하여 타인으로부터 금원을 차용함에 있어서 그 부동산에 대한 권리증서, 인감증명, 위임장, 차용증서 등 필요서류 일체를 구비하여 교부한 사실은 동인이 이건 부동산에 대하여 처분권한이 있는 자로부터 금전대차 및 담보권설정에 관한 권한의 위임을 받은 대리인이라고 믿을 만한 정당한 사유의 일부가 된다」고 판시하였다.

② 대법원 1962.2.8. 선고 4294민상721 판결

「본인으로부터 그의 인장과 부동산권리증서를 교부받고 은행으로부터 융자를 받을 것을 수임한 자가 제3자에 대하여 그 부동산에 관하여 근저당권설정을 한 후 이를 담보로 국채를 빌려서 소비한 때에는 그 제3자로서는 위 대리인이 본인을 대리하여 소비대차에

관한 행위를 할 수 있는 권한이 있다고 믿을 만한 정당한 이유가 있는 때에 해당한다」고 판시하였다.

③ 대법원 1962.10.18. 선고 62다508 판결

「타인에게 부동산을 담보로 하여 은행으로부터 융자를 받을 것을 의뢰하여 인장, 인감증명서 및 부동산에 관한 권리증을 교부한 경과에는 특단의 사유가 없는 한 타인에게 그 부동산을 담보로 융자를 받는데 관하여 대리권을 수여하였다고 함이 경험측상 타당할 뿐 아니라 의뢰를 받은 자가 의뢰의 뜻에 배반하여 은행 이외의 제3자로부터 그 부동산을 담보로 융자를 받고 자기가 소비하였다 하더라도 제3자에게 그 권한이 있다고 믿을 정당한 사유가 있는 경우에는 대리인이 권한외의 법률행위를 한 경우에 해당하여 타인에게 융자를 의뢰한 자는 그 행위에 관하여 제3자에 대하여 책임이 있다」고 판시하였다.

④ 대법원 1966.11.22. 선고 66다1736 판결

표현대리가 인정된다고 보여지는 사례에 관하여, 「원고가 1년이라는 기간 사이에 소외 "갑"으로부터 돈을 빌린 일이 있고 위 "갑"은 원고에게 빌려 준 돈 중 일부는 소외 "을"로부터 빌려서 이를 원고에게 다시 빌려 주었던 것으로서 "을"로부터 변제독촉을 받게 되자 원고가 그 유예를 얻는 방법으로 원고소유의 부동산에 "을"을 위하여 근저당권설정등기를 해주기로 하여 그 업무를 "갑"에게 위임하여 그 등기에 필요한 인장과 인감증명서를 작성하여 주었더니 "갑"이 "을"아닌 "병"에게 저당권설정등기를 해주고 원고가 빌리는 것으로 하여 돈을 융자받아 사용하였다면 이는 권한을 넘는 표현대

리가 된다고 할 것」이라고 판시하였다.

⑤ 대법원 1975.4.8. 선고 74다2224 판결

「토지를 매각하여 달라는 부탁을 받고 인감도장을 맡은 자가 이를 이용하여 위임장, 인감증명등 관계서류를 작성하여 다른 토지에 대하여 제3자와 근저당권설정계약을 체결하였다면 위 제3자는 다른 특별한 사정이 없는 한 그러한 대리권이 있다고 믿을 만한 정당한 사유가 있다」고 판시하였다.

㈏ 거래금액이 본인 지시액을 초과하거나 저렴한 경우

① 대법원 1962.8.30. 선고 62다400 판결

「본인으로부터 금전을 차용할 권한을 위임받은 대리인이 본인으로부터 지시를 받은 한도의 금액을 넘어선 다액의 금전을 차용할 권한이 있다고 주장하고 그 표시로서 대리인이 본인의 인감과 인감증명서를 제시하였을 경과에는 상대방인 제3자는 그 대리인에게 그러한 권한까지 있다고 믿을 만한 정당한 이유가 있는 것으로 볼 수 있다」고 판시하였다.

② 대법원 1971.10.22. 선고 71다1921 판결

「부동산의 매도위임을 받은 대리인이 본인으로부터 위임받은 금액보다 저렴한 가격으로 매도한 것은 위임받은 권한의 범위를 넘은 행위라 하더라도 특별한 사정이 없는 한 상대방은 위 대리인이 그 저렴한 가격에 매도할 수 있는 권한이 있는 것으로 믿을 만한 정당한 사유가 있다고 할 것」이라고 판시하였다.

㈐ 거래유형이 유사한 경우

① 대법원 1959.12.3. 선고 4292민상107 판결

「부동산을 담보로 제공하여 금원을 융자하여 올 것을 위임하고 그 대리인에게 인장 기타 서류를 교부하여 그 절차의 일체를 일임한 경우에는 대리인을 신임하고 일체의 행위를 맡긴 소유자보다 그러한 신뢰관계를 믿고 그 대리인과 거래를 한 제3자를 보호하여야 할 것이므로 부동산의 소유자가 그 부동산을 저당하고 융자하여 올 것을 위임하고 대리권을 수여받은 대리인이 그 대리권을 초과하여 환매특약부 매매계약을 체결한 경우에는 구 민법 제110조의 경우에 해당한다 할 것이며, 환매특약부 매매가 사정여부에 따라서는 부동산소유자가 승락한 소위 저당의 범주내에 내포되는 것으로 볼 수도 있는 것이므로 매수자인 제3자가 비록 그러한 사정을 알고 있었다 하더라도 이를 무권대리행위라고 논단할 것이 아니」라고 판시하였다.

② 대법원 1962.7.26. 선고 62다243 판결

부동산의 등기제증과 인감증명서 및 도장까지를 제3자에게 교부하면서 담보로 제공할 것을 승낙한 경우 위 서류와 도장이 정상적인 거래를 통하여 직접 교부하였던 사람이외의 제3자의 수중에 들어감으로써 그 제3자가 저당권을 설정한 경우의 위 담보 제공자의 책임에 관하여, 「채무담보를 위하여 권리증, 인감증명서, 인장들을 교부한 이상 저당권자나 채무자 또는 담보내용이 사실과 다르다 하더라도 표현대리 성립에 영향이 없다」고 판시하였다.

③ 대법원 1989.10.24. 선고 88다카26918 판결

권한을 넘은 표현대리를 인정한 사례로, 「소외 A회사와 을과 사이에 아파트건축분양 동업관계에 있었고, 그 동업계약서상 아파트분양에 관한 권한이 소외회사의 대표이사인 갑에게 위임된 바 있으며, 그 권한행사의 필요상 갑이 을로부터 인장까지 교부받아 소지하고 있었다면 수급인인 병은 갑과 아파트공사부지계약을 체결함에 있어서 갑에게 대리권이 있다고 믿을 만한 정당한 이유가 있는 때에 해당한다」고 판시하였다.

이상에서 살펴본 바와 같이, 대리인이 단지 상대방을 선택하거나 거래금액을 정함에 있어서 본인의 지시를 어긴 바와 같이 대리인이 권한을 넘은 행위를 하였으나 그 월권행위가 기본대리권의 내용과 동일한 종류인 경우, 또는 기본권한과 월권행위가 유사한 경우에는 기본권한의 정확한 내용을 알 수 없는 상대방으로서는 특별한 사정이 없는 한 대리인에게 권한이 있다고 믿을 수밖에 없는 것이 보통이다. 즉 이와 같은 경우에는 상대방의 신뢰에 객관적 정당성이 인정될 수밖에 없으므로 상대방이 내부사정을 알고 있었던 바와 같은 특별한 사정이 없는 한 정당한 이유는 인정될 수밖에 없으며, 또한 이러한 경우에는 본인의 귀책성도 쉽게 인정될 수 있다고 할 수 있다.

(2) 기본대리권이 포괄적인 경우

① 대법원 1957.12.12. 선고 4290민상696 판결

「소외 갑이 원고소유의 부동산을 피고에게 매각한 경우 그 부동

산 매각에 관한 대리권이 인정되지 않더라도 위 갑은 원고의 장남으로서 원고는 위 갑으로 하여금 계쟁가옥에 거주 관리케 하였으며, 원고가 종전에 동 가옥에서 경영하던 매약상을 위 갑으로 하여금 계속 경영케 하여 왔고, 위 갑이 원고의 인장과 계쟁부동산에 관한 권리증을 소지하고 있었다면 위 갑이 매약상경영 관리권을 유월하여 본건 매매를 함에 있어 피고가 동 매매대리권이 있다고 믿을 만한 정당한 이유가 있다고 볼 것」이라고 판시하였다.

② 대법원 1964.7.21. 선고 64다395 판결

「염전경영을 위탁받은 자가 그 염전을 위하여 차금하고 그 담보로 본인을 대리하여 부동산매매계약을 맺은 결과 그 부동산매매에 관하여 본인으로부터 대리권이 수여되지 않았더라도 제3자로서는 그 대리인에게 그 부동산에 관하여 본인을 대리할 권한이 있었다고 믿을 만한 정당한 이유가 있었다고 볼 것」이라고 판시하였다.

③ 대법원 1966.9.6. 선고 66다981 판결

권한 유월의 표현대리로 보아야 할 경우에 관하여, 「외항선원이 그 동생에게 그 부재중인 가사와 귀속재산의 소유권이전등기절차의 이행을 위임한 경우 그 동생이 위임받은 소유권이전등기절차를 이행한 다음 권한을 넘어 금원을 차용하고 매도담보로 이전된 토지의 소유권이전등기를 경료한 경우에는 권한유월의 표현대리가 인정된다」고 판시하였다.

④ 대법원 1966.12.27. 선고 66다1755 판결

「타인의 인장과 권리증을 도용하여 관계문서를 위조하였음에 기

대된 근저당권설정이나 소유권이전의 법률행위에 있어서도 그 위조한 자가 소유권자 본인의 재산 전체를 관리하여 대리권수여에 의한 법률행위로 인정될 수 있는 것이 있었던 까닭에 상대방이 문제된 근저당권설정 및 소유권이전행위를 할 권한이 있었다고 믿을 만한 정당한 이유가 있다면 표현대리관계의 성립이 가능하다」고 판시하였다.

⑤ 대법원 1966.12.27. 선고 66다2042 판결

「원고가 옥중에 있을 때 가사를 돌보았던 원고의 형인 소외 갑이 원고로부터 본건 논을 제외한 나머지 원고소유 가산의 정리를 위임받아, 원고소유 논 3필지를 처분하면서 본건 논을 소외 을에게 백미를 받고 교환하였다면 위 을이 위 갑에게 대리권이 있다고 믿고 교환한 것은 표현대리에 해당한다」고 판시하였다.

⑥ 대법원 1977.10.11. 선고 76다3043 판결

「상환미료중의 분배농지를 상속받은 원고의 친권자인 모가 원고를 데리고 동 소유지를 떠나면서 원고의 삼촌인 소외 갑에게 동 토지의 경작관리 및 농지상환 등의 일체의 처리를 맡겼고, 그 후 동 토지에 관하여 일체 관여한 바가 없는 반면 소외 갑은 동 토지를 그때부터 이어받아 스스로 경작처리하여 그 수확으로써 현지에 살고 있는 원고의 가족들을 부양하면서 상환을 완료한 후 이를 소외 을에게 시가상당 금액으로 매도하였다면, 소외 을은 위와 같은 전후사정으로 보아 소외 갑이 원고를 대리하여 동 토지를 처분할 수 있는 권한이 있는 것으로 믿을 만한 정당한 사유가 있다 할 것」이라고 판시하였다.

⑦ 대법원 1990.10.23. 선고 90다카13212 판결

대표이사의 직인을 보관하면서 대표이사의 대리인으로서 공사관리업무 등을 처리하여 온 건설회사의 직원이 그 권한을 초과하여 회사의 토지를 처분한 경우 민법 제126조의 표현대리의 성립 여부에 관하여, 「건설회사직원이 회사로부터 공사현장에서 공사수행에 필요한 일반행정사무와 관리업무수행에 대한 대리권을 수여받고 대표이사의 직인을 보관하면서 위 업무를 처리하여 왔다면, 그 권한을 넘어서 토지의 처분행위를 한 경우, 당시 상대방으로서는 그에게 회사를 대리하여 토지를 처분할 권한이 있는 것으로 믿었고, 이와 같이 믿는 데에 정당한 이유가 있었다고 할 것이므로, 위의 처분행위는 민법 제126조의 표현대리로서 회사에 대하여 그 효력이 있다」고 판시하였다.

기본대리권이 매우 포괄적인 것으로 대리인이 일정한 영업이나 어떠한 재산관계 전반에 걸쳐서 본인을 대리하는 경우가 있다. 위에서 살펴 본 바와 같이, 포괄적인 대리권을 수여하는 경우는 본인과 대리인 사이의 부부라든가 부子 또는 형제 등과 같이 밀접한 신분관계에 있는 경우가 많다. 그런데 이러한 대리관계에 있어서 대리인이 월권행위를 한 경우, 이것이 실제상으로는 본인의 의도를 벗어난 권한외의 행위라고 하더라도 상대방으로서는 특별한 사정이 없는 한 이를 권한내의 행위라고 믿는 것이 보통이며, 상대방의 신뢰에 정당한 이유가 용이하게 인정될 수 있는 경우라 하겠다.

이와 같이 기본대리권이 포괄적인 경우도 기본대리권과 월권행위가 동종인 경우와 마찬가지로 정당한 이유라는 요건과 본인의 귀책

성이 쉽게 인정될 수 있는 거래유형에 속하는 것으로, 만약 이러한 대리인이 불성실한 경우 본인은 권한을 넘은 표현대리의 책임을 지게 되는 수가 많이 발생할 수 있다고 하겠다. 위와 같이, 실제의 사례에 있어서는 본인의 일정한 영업이나 중요재산에 대한 포괄적 경영·관리권을 갖고 있는 대리인이 본인의 허락 없이 이를 처분해 버린 경우가 대부분이다.

(3) 본인의 인장, 인감증명, 등기서류 등을 이용한 경우

㈎ 인장이나 인감증명을 소지한 경우

① 대법원 1948.1.6. 선고 4280민상204 판결

「소외 갑이 피고의 처남으로서 종전 피고로부터 그 소유인 본건 부동산에 관하여 관리권한의 부여를 받는 동시에 피고의 인장을 보관하여 피고의 대리인으로서 위 부동산을 관리하여 오던 중 임의로 매매위임장을 함부로 작성하여 이를 제시하고 원고와 매매계약을 체결한 경우에 원고로서는 이를 그 권한내의 행위라고 믿을 만한 정당한 이유가 있었다고 보지 않을 수 없다」고 판시하였다.

② 대법원 1957.4.4. 선고 4290민상21 판결

「건물의 보존등기신청에 관한 대리권이 있고 그 등기신청서에 날인된 인영과 같은 인장을 소지한 대리인이 제3자와 저당권설정계약을 체결한 경우 제3자가 그 대리인이 대리권이 있다고 믿을 만한 정당한 사유가 있다고 할 것」이라고 판시하였다.

③ 대법원 1967.6.20. 선고 67다734 판결

「요식대금수령을 위하여 피고의 도장을 맡아 둔 소외인은 요식대금수령에 관한 대리권을 피고로부터 수여받았다 할 것이므로 위 소외인이 피고의 신원보증서와 인감증명서를 원고에게 제출한 경우 원고로서는 그 신원보증서가 피고에 의하여 작성된 것이라고 믿을 만한 정당한 사유가 있었다 할 것」이라고 판시하였다.

④ 대법원 1967.9.5. 선고 67다1394 판결

표현대리권이 있다고 인정되는 실례로, 「원고로부터 하천수지점용허가기간의 갱신절차에 관한 위임과 동시에 그의 인장을 교부받은 소외 갑이 그 인장 및 그 인장의 부정사용으로 작성 또는 발급된 원고의 위임장과 인감증명서를 가지고 원고를 대리하여 원고 소유의 계쟁임야를 을에게 매도하고, 그로 인한 소유권이전등기절차까지 마쳤다면 갑의 행위를 원고를 대리할 권한 있는 행위라고 믿었음은 정당한 사유가 있었던 것」이라고 판시하였다.

⑤ 대법원 1971.12.28. 선고 71다2303 판결

「피고의 형인 소외인이 피고로부터 피고소유인 가옥의 소유권이전등기절차의 의뢰를 받고 그 절차이행을 위하여 피고의 인장을 보관하던 중 피고로 하여금 자기의 원고에 대한 채무의 보증을 서게 할 목적으로 피고 및 소외인 양인명의로 약속어음을 발행교부하면서 원고에게 피고가 모든 것을 자기에게 위임하였다고 말하였고, 원고도 그 말을 믿고 별다른 의심을 품지 않았다면 원고는 소외인이 피고의 채무보증에 관한 승낙을 받고 약속어음에 기명날인을 대

행하는 것으로 믿은 데 정당한 이유가 있었다 할 것」이라고 판시하였다.

⑥ 대법원 1974.7.9. 선고 73다1804 판결

「표현대리에 있어서 상대방의 대리인이라고 칭하는 자가 대리권을 갖고 있다고 믿었음에 과실이 있는가의 여부는 표현대리가 거래안전을 위하여 인정된 제도임을 감안할 때 계약성립 당시의 제반사정을 객관적으로 판단하여 결정하여야 할 것인 바, 갑이 신원보증을 하는데 필요하다는 등의 거짓말을 하여 피고들로부터 각각 인감 및 인감증명을 교부받아 은행적금계약서와 융자에 필요한 제반서류를 작성하여 피고들의 대리인이라 칭하고 원고은행에 이를 교부하여 대부를 받았다면 다른 특별한 사정이 없는 한 원고은행으로서는 그 상식의 문서에 기하여 갑을 피고들의 대리인으로 믿을 수밖에 없다 할 것」이라고 판시하였다.

⑦ 대법원 1975.4.8. 선고 74다2224 판결

「토지를 매각하여 달라는 부탁을 받고 인감도장을 맡은 자가 이를 이용하여 위임장, 인감증명등 관계서류를 작성하여 다른 토지에 대하여 제3자와 근저당권설정계약을 체결하였다면 위 제3자는 다른 특별한 사정이 없는 한 그러한 대리권이 있다고 믿을 만한 정당한 사유가 있다」고 판시하였다.

⑧ 대법원 1990.5.22. 선고 89다카1121 판결

대리인이라 자칭하는 사람이 공탁금 수령권자의 인감도장과 공탁금회수용 인감증명 1통을 첨부하여 공탁금출급신청을 하여서 공탁

공무원이 그 외관을 믿고 공탁금을 지급한 경우 수령권자가 표현대리의 본인의 지위에서 공탁금을 수령한 셈이 된다고 본 사례로, 「공탁금의 대리수령에 있어서 공탁금수령권자인 본인이 대리인으로 칭하는 자에게 공탁금수령권한을 부여한 바 없다 하더라도 공탁수락과 출금의 권한을 부여한 것과 같은 외관을 발생시켜 민법 제126조 내지 제127조의 표현대리가 인정되는 경우에는 이러한 표현수령권자의 공탁금수령은 본인에게도 그 효과가 발생한다고 보아야 할 것인바, 갑이 공탁금 수령권자인 을에게 돈을 빌리는데 필요하다고 말하여 그로부터 받아둔 인감도장과 이 사건 공탁금 관계에 필요하다고 말하여 을이 직접 발급받아 건네어 준 공탁금회수용 인감증명 1통을 가지고 공탁금의 출급신청을 하였고, 공탁공무원이 정당한 수령권자인 외관을 갖는 갑에게 공탁금을 지급하였다면 을은 비록 그 공탁금을 현실로 수령하여 이득을 본 바 없다 하더라도 표현대리의 본인의 지위에서 그 공탁금을 수령한 셈이 된다 할 것」이라고 판시하였다.

㈏ 부동산등기서류를 소지한 경우

① 대법원 1955.9.22. 선고 4288민상169 판결

「부동산에 관한 저당권설정등기의 말소등기절차를 이행할 대리권을 수여하고 본인의 인장, 등기제권리증 및 위임장을 교부하였을 경우 대리인이 부동산에 관하여 매매계약을 체결한 때 특별한 사정이 없는 한 표현대리가 된다」고 판시하였다.

② 대법원 1956.3.17. 선고 4288민상446 판결

「본인의 대리인에게 소작계약체결에 관한 권리일체를 위임하고 위 대리인이 본인의 인장, 인감증명서, 위임장, 권리증을 소지하고 있으면서 토지의 매도에 관한 대리인이라고 할 경우에는 그 토지의 매수인은 위 대리인이 그 토지를 매도할 권한이 있다고 믿을 정당한 사유가 있다고 인정함이 정당하다」고 판시하였다.

③ 대법원 1960.8.18. 선고 4292민상743 판결

「원고로부터 인장과 토지에 대한 권리증을 받은 갑이 피고에게 차금교섭을 하였으나 피고가 토지담보제공을 거절하자 원고에게 위임장 및 권리증을 반환하였다가 다시 원고의 승낙없이 원고의 처로부터 동인보관의 원고의 인장과 토지권리증을 교부받아 원고가 연대보증인이 된 본건 약속어음을 피고에게 발행 교부하고 본건 목적물에 근저당권을 설정함으로써 피고에게서 차금한 경우에 피고는 갑이 원고의 대리인이며 권한내의 행위를 한 것이라고 믿을 만한 정당한 사유가 있다 할 것」이라고 판시하였다.

④ 대법원 1964.12.22. 선고 64다863 판결

「돈을 빌려 주면서 부동산소유권자의 인감과 등기제권리증을 가지고 그의 대리인이라고 하는 자와 환매특약부 매매계약을 체결한 경우에는 그 자에게 대리권이 있다고 믿을 만한 정당한 사유가 있었다고 볼 것」이라고 판시하였다.

⑤ 대법원 1966.6.28. 선고 66다872 판결

「본인이 직접 거래상대방인 타인에게 그 소유건물의 처분권은 준

바 없다 하여도 그 사람에 대한 자기의 채무를 담보하기 위하여 매수인란이 공란으로 된 매도증서와 인감증명등 그 이전등기에 필요한 관계문서를 넘겨주었다면 다시 그 사람으로부터 그 관계문서들을 전전하여 넘겨받은 제3자는 본인이 그 타인에게 자기를 대리하여 부동산을 처분할 권한을 준 것으로 믿었다면 그와 같이 믿을 만한 정당한 사유가 있는 때에 해당한다고 보아도 좋을 것」이라고 판시하였다.

⑥ 대법원 1968.11.26. 선고 68다999 판결

표현대리 행위로 인정되는 실례로, 「갑이 부동산소유권자의 권리문서와 인감증명서, 인감도장을 소지하고 그의 대리인임을 표명하고 나선 이상 특별한 사정이 없는 한 갑에게 소유권자를 대리하여 근저당권설정계약을 체결할 권한이 있다고 믿을 만한 정당한 사유가 있다」고 판시하였다.

⑦ 대법원 1978.1.17. 선고 77다2157 판결

「갑이 을에게 그 소유의 부동산에 대하여 담보제공에 관한 기본적 대리권을 부여하였고, 한편 을이 갑의 인감, 인감증명서 기타 갑이 위 부동산을 담보로 제공할 것을 승낙하였다고 볼 서류를 제시하였다면, 상대편으로서는 을이 갑의 적법한 대리인으로 믿었고 그와 같은 믿음에 정당한 이유가 있었다고 볼 수 있다」고 판시하였다.

⑧ 대법원 1987.5.26. 선고 86다카1821 판결

인감도장, 인감증명서 및 등기권리증을 교부한 본인에게 권한을

넘는 표현대리의 책임을 인정한 예로, 「갑의 처와 금전거래를 해오던 을이 갑으로부터 은행융자를 위한 근저당설정계약 및 근저당설정등기에 사용하라는 취지에서 제공하는 갑 소유의 부동산에 관한 등기권리증, 인감도장 및 인감증명서를 교부받았음을 기화로 병과 공모하여 병의 무에 대한 차용금채무의 대체담보설정을 위하여 위 서류 등을 무의 대리인 정에게 제시하면서 갑의 대리인임을 표명하여 이를 믿은 정과간에 위 부동산에 관하여 근저당권설정계약을 체결하고서 그의 앞으로 근저당권설정등기를 경료하여 주었다면 정으로서는 을에게 갑을 대리하여 위 근저당권설정계약을 체결할 권한이 있다고 믿을 수밖에 없고, 다른 특별한 사정이 없는 한 정이 갑에게 직접 대리권 수여사실 유무를 확인해보지 아니하였다 하여 정에게 과실이 있다고도 할 수 없으므로 갑은 권한을 넘는 표현대리의 법리에 따라 본인으로서 책임을 면할 수 없다」고 판시하였다.

일정한 대리행위를 위하여 필요한 본인의 인장이나 어떠한 거래서류를 소지한 자칭 대리인이 대리권한을 주장하는 경우, 상대방으로서는 이를 신뢰하는 것이 보통이다. 특히, 인감도장이나 부동산등기필증과 같은 중요한 물건은 본인이 이를 신중히 보관하기 마련이고, 어떤 권한을 수여하지 않는 한 이를 타인에게 교부하지 않는 것이 보통이므로, 이러한 인감이나 등기서류를 소지한 자에게 일정한 대리권이 있다고 믿은 경우에는 그 신뢰에 강한 객관적 정당성이 인정될 수 있다.

어떤 기본권한을 수여하고 이를 수행하기 위하여 본인의 인장을 교부한 경우에는 이를 가지고 대리거래에 필요한 위임장 기타 모든 서류를 위조할 수 있고, 등기필증을 소지한 경우에는 이를 이용하여 어떠한 등기신청도 가능하기 때문에 인장이나 등기서류를 이용한 월권표현대리가 많이 발생하게 된다.

한편, 본인의 인장이나 거래서류 등이 도용되었거나 이를 단순히 보관시킨 경우는 별도로 하더라도 일정한 사무처리나 대리행위를 위하여 본인이 이를 교부한 경우에는 본인의 귀책성은 쉽게 인정될 수밖에 없음은 전술한 바와 같으며, 이러한 물건의 교부는 일정한 법률외관을 조성하게 되고, 이러한 법률외관에 대한 일반적인 거래사회의 신뢰는 보호받는 것이 정당하기 때문에 이에 대하여 본인은 책임을 면할 수 없는 것이다. 이러한 유형의 판례는 상당히 많은 편이며, 다른 거래유형에 있어서도 대부분 이러한 소지물이 상대방 신뢰의 정당성을 인정하게 되는 객관적 사실로서 나타나고 있다.

(4) 계속·반복적으로 대리행위를 하여왔고 본인이 이를 묵인한 경우

① 대법원 1959.8.27. 선고 4292민상286 판결

「상사회사의 서무와 회계를 담당하는 직원이 동 회사의 대리자격으로서 타인과 수차에 걸쳐서 동 회사명의의 약속어음 거래행위를 한 실적이 있다 할 것 같으면 그 타인이 이러한 직원을 동 회사의 대리인으로서 그 권한이 있다고 신임함에 있어서 정당한 이유가 있는 경우에 해당한다」고 판시하였다.

② 대법원 1962.7.12. 선고 62다255 판결

피고와 동업관계에 있는 자가 보관하고 있던 피고의 도장을 모용

하여 피고 명의의 약속어음을 발행한 경우와 표현대리에 관하여, 「갑과 을이 물품판매업을 공동경영하고 있었고, 을은 갑 명의의 수표를 빈번히 그 대리인으로서 발행하였고 갑이 을의 거래상의 이자를 여러 차례 지급한 사정이 있다면 을이 자기가 보관하고 있던 갑의 도장을 모용하여 제멋대로 갑 명의의 약속어음을 제3자에게 발행한 경우에 있어서 위 사정은 그 제3자가 을이 위 약속어음을 발행할 권한이 있다고 믿을 정당한 사유에 해당한다」고 판시하였다.

③ 대법원 1969.12.23. 선고 68다2186 판결

피고회사의 수표장과 대표이사의 도장을 보관하고 있던 자가 피고의 승락없이 피고명의의 수표를 발행한 경우와 표현대리로, 「수표에 관하여 제권판결이 있으며, 수표의 정당한 소지인이라 할지라도 그 수표상의 권리를 행사할 수 없고, 공시최고를 신청한 사람이 실지 이 수표를 도난당하였거나, 또는 분실한 자가 아닐 경우에도 수표상의 실체적 권리자는 제권판결의 효력을 소멸시키기 위하여 불복의 소를 제기하여 취소판결을 얻지 않는 한 수표상의 권리를 주장할 수 없다」고 판시하였다.

④ 대법원 1969.12.23. 선고 68다2186 판결

피고회사의 수표장과 대표이사의 도장을 보관하고 있던 자가 피고의 승락없이 피고명의의 수표를 발행한 경우와 표현대리로, 「수표에 관하여 제권판결이 있으며 수표의 정당한 소지인이라 할지라도 그 수표상의 권리를 행사할 수 없고, 공시최고를 신청한 사람이 실지 이 수표를 도난당하였거나, 또는 분실한 자가 아닐 경우에도 수표상의 실체적 권리자는 제권판결의 효력을 소멸시키기 위하여

불복의 소를 제기하여 취소판결을 얻지 않는 한 수표상의 권리를 주장할 수 없다」고 판시하였다.

⑤ 대법원 1975.10.7. 선고 74다2082 판결

「피고가 그의 장남인 소외 갑에게 그의 인장, 명판 및 수표용지책을 주면서 갑이 사업상 필요할 때 피고 명의의 수표를 발행할 권한을 부여하였고, 갑이 이를 경우에 따라 그의 처인 소외 을에게 대행시켜 작성하는 것을 피고가 묵시적으로 인용하였으며 그와 같이 작성된 수표를 사후에 결재하여 주었다면 그 기회를 이용하여 을이 피고명의의 수표를 위조하였다 하더라도 그것이 적법히 작성된 것이라 믿을 소지인에 대하여 피고는 표현대리에 있어서와 같은 책임이 있다」고 판시하였다.

⑥ 대법원 1989.5.23. 선고 88다카22626 판결

표현대리의 성립을 인정한 사례로, 「갑의 아들인 을이 갑이 경영하는 사업체의 대외관계일을 갑을 대리하여 처리하여 오면서 전에도 6번에 걸쳐 갑 명의로 어음에 배서를 하여 병에게 양도하였는데 그때마다 그 어음들은 각 지급기일에 아무 탈 없이 결제되었다면 병으로서는 을에게 갑을 대리하여 갑 명의로 어음행위를 할 권한이 있다고 믿을 만한 정당한 이유가 있고 갑에게 확인하지 아니하였다고 하여 과실이 있다고 할 수 없다」고 판시하였다.

실제에 있어서는 대리권을 부여하고 있지 않았지만, 일정한 자가 계속적으로 본인을 대신하여 일정한 대리행위를 하여 왔고, 또한 본인이 이를 묵인하여 온 경우에는 상대방으로서는 이러한 자에게

위와 같은 행위의 대리권한이 있다고 믿는 것이 보통이며, 상대방의 신뢰에 객관적 정당성이 인정될 수 있음은 물론이다.

(5) 사회적 신뢰성 있는 직위나 지위에 있는 자가 월권행위를 한 경우

① 대법원 1960.10.27. 선고 4293민상287 판결

「회사가 대리인으로 하여금 회사경영의 백화점연쇄가 사장이라는 명의로 동 백화점운영 및 이에 관련한 일체의 거래를 담당케 하였고, 대리인이 제3자에게 백화점연쇄가를 위하여 차용하는지를 백화점연쇄가 사장이라는 인장을 압인하여 백화점연쇄가 사장명의의 수표 또는 약속어음을 발행 교부하여 금원을 차용하였을 경우에 제3자는 대리인에게 회사가 제3자로부터 금원을 차용함에 있어 회사를 대리할 권한이 있다고 믿을 만한 정당한 이유가 있었다고 볼 것」이라고 판시하였다.

② 대법원 1968.12.17. 선고 68다1871 판결

[경리담당이사가 자기 자신의 사업자금을 구득하기 위하여 회사명의의 약속어음을 발행한 경우 그 회사가 평소 동인을 통하여 자금조달을 한 일이 있고, 동인에게 회사거래로 인한 어음발행권이 부여되어 그가 발행한 어음이 그 회사의 거래은행을 통하여 결제되어 왔으며 그리고 발행된 어음이 그가 회사 명의의 약속어음을 발행하는 데 사용하여 온 그 회사와 그 대표자를 표시한 고무인 및 대표이사의 사인과 비슷한 인장들을 사용하여 발행한 것이라는 등의 사유가 있는 때에는 권한을 넘은 표현대리가 된다」고 판시하였다.

③ 대법원 1971.11.30. 선고 71다2166 판결

부락민이 이장인 동시에 동 농업협동조합장에게 군 농업협동조합으로부터 비료, 농약, 영농자금 등을 받기 위하여 도장을 임치한 경우에 관하여, 「이장인 동시에 이동농협조합장이 군농협으로부터 비료, 농약, 영농자금을 배정받기 위하여 부락민이 맡긴 인장을 이용하여 비료외상판매증서를 작성하였다면 표현대리가 성립된다 할 것」이라고 판시하였다.

④ 대법원 1971.12.14. 선고 71다2173 판결

「부락이장이며 동 농협조합장인 갑이 원고인 군농협으로부터 동 농협을 통하여 부락민이 피고들에게 판매된 비료를 대여받음에 있어 항시 이러한 비료 등 수배를 위하여 보관중이던 피고들의 인장을 사용하여 원고와 피고들간의 본건 연대보증계약을 체결한 경우에 원고는 갑에게 대리권이 있다고 믿을 만한 정당한 이유가 있다」고 판시하였다.

⑤ 대법원 1989.3.28. 선고 87다카2152 판결

민법 제126조의 표현대리를 인정한 사례로, 「대한어머니중앙연합회 부회장 겸 사무총장으로서 대표자인 회장을 대리하여 일상업무를 처리하면서 회장의 인장을 사용해 온 자의 어음배서가 그 연합회 대표자의 동의나 승낙 없이 이루어졌더라도 대표자를 대리할 권한이 있다고 믿을 만한 정당한 이유가 있다」고 판시하였다.

일반적으로 사회적 신뢰성 있는 직위나 지위에 있는 자가 대리행

위를 한 경우 대리권이 있다고 믿는 것이 보통이며, 이러한 자가 비록 월권행위를 하였다 하더라도 표현대리가 성립될 소지는 많다. 이러한 유형에 속하는 판례로서는 위에서 살펴본 바와 같이, 이장이 부락민의 인장을 이용하여 월권행위를 한 경우, 백화점연쇄가 사장이라는 직함을 사용하여 어음·수표를 발행한 경우 및 대한어머니중앙연합회 부회장 겸 사무총장이 회장의 인장을 사용해 어음배서를 한 사례 등이 있다. 그런데 ② 대법원 1968.12.17. 선고 68다1871 판결에서는 경리담당이사가 회사명의의 약속어음을 대표이사의 인영과 다른 인장을 사용하여 발행하였음에도 불구하고 그 인영이 비슷하다는 이유로 표현대리를 인정하고 있으나, 거래서류의 인영이 본인의 인장과 다른 경우 본인에게 책임을 인정하지 않는 대법원의 일반적인 태도에서 볼 때 특기할 만하다.

(6) 월권행위가 기본대리행위에 포함되어 있다고 볼 수 있는 경우

① 대법원 1974.3.12. 선고 73다1814 판결

「원고로부터 본건 건물에 관한 전세계약체결 및 전세금수령과 건물의 관리 등에 관한 대리권을 수여 받은 소외인이 피고와 전세계약을 체결함에 있어서 임차인(피고)이 건물을 개수하였을 시에는 건물반환기일 전에 임차인의 비용으로 원상복구하기로 특정하였으나 1년이 지난 후 피고로부터 건물이 너무 노후하여 그대로는 도저히 살 수가 없으니 개수를 해달라는 요청을 받게 되자 동 소외인은 피고로 하여금 개수공사를 하게 하면서 당초의 위 특약을 변경하여 원상복구의 의무 없이 임차인의 비용으로 증개축하여도 좋다는 취

지로 승낙을 하였다면 위 특약의 변경은 비록 동 소외인이 그 변경에 관한 권한이 없다고 하더라도 이는 표현대리에 해당하여 유효하다 할 것」이라고 판시하였다.

② 대법원 1969.1.28. 선고 68다2317 판결

「피고를 대리하여 적법히 전세계약을 체결한 피고의 내연의 처인 소외 갑이 위 계약체결 후 곧 위 계약을 월세계약으로 변경하여 임대차계약을 체결한 경우는 비록 위 소외 갑에게 위 계약변경에 관하여 대리권이 없었다 하더라도 위 전세계약을 체결한 사실 및 동인은 피고와 동거생활을 하면서 그들이 입주중인 위 가옥의 임차에 관한 제반사를 원고와 직접 절충하여 처리하고 있었다면 이는 원고가 위 갑을 피고의 대리인이었다고 믿을 만한 정당한 사유가 된다고 할 것」이라고 판시하였다.

③ 대법원 1989.4.25. 선고 87다카2672 판결

민법 제126조 소정의 권한이 있다고 믿을 만한 정당한 이유가 있다고 한 사례로, 「이와 같은 사정 아래에서 위 전세계약서 작성시 피고가 일본에 머물러 있었고, 소외인이 원고측에 교부하였던 피고의 인감증명서 유효기간이 5일 정도 경과하였으며, 소외인이 인감증명서에 표기된 피고의 주소를 일본국내의 주소지에서 우리나라의 주소지로 임의정정한 바 있다 하더라도 원고로서는 소외인이 피고의 가사를 돌보아오고 있는 처지로서 이 사건 건물의 다른 부분에 대하여 세를 놓아오고 있는 예에 따라 이 사건 점포에 대하여도 전세를 놓는 것으로 믿기에 어렵지 않다고 보여지므로 원고로서는 소외인이이 사건 임대차계약을 체결하는데 대리권이 있다고 믿

을 만한 정당한 이유가 있다」고 판시하였다.

실제에 있어서는 어떤 대리행위가 권한을 넘은 것이라 하더라도 이러한 행위가 이전에 행사되었던 기본대리권에 부수적인 것이며, 기본대리권에 포함되어 있다고 보는 것이 일반적인 경우에는 상대방신뢰의 정당성이 쉽게 인정될 수 있을 것이다. 위에서 살펴본 바와 같이, 이러한 유형에 속하는 사례로서는 임대차 및 전세계약과 관련된 몇 건을 찾아 볼 수 있다.

2) 부정 판례

(1) 거래관계에 의심스러운 사정이 있는 경우

㈎ 본인과 이익상반되는 대리행위를 한 경우

① 대법원 1959.8.27. 선고 4292민상331 판결

「금전차수의 대리권을 수여받은 자가 본인의 인장을 소지한 사실만으로서는 타인을 위한 신원보증계약을 체결할 권한이 있다고 믿을 만한 정당한 사유에 해당하는 것이라 할 수 없다」고 판시하였다.

② 대법원 1965.1.19. 선고 64다1138 판결

「이동농업협동조합의 서기가 그 조합장이 구속 부재시에 사무실 서랍에 있던 조합장 개인의 인장을 마음대로 사용하여 조합에서 타인으로부터 금원을 차용함에 있어서 조합장 개인을 연대보증인으로 한 것이라면, 서기가 종전에 조합장의 명에 의하여 비료외상대금상

환증서를 그 타인에게 전달하고 그 외상비료를 그로부터 수령하여 조합원에게 배급한 사실이 있고, 조합장의 인감증명이 이전에 그 타인에게 제출된 일이 있었다는 사실만으로써는 위 서기의 행위가 조합장 개인의 표현대리인으로서의 행위라고 단정할 수 없다」고 판시하였다.

③ 대법원 1973.7.24. 선고 73다474 판결

「피고들이 갑에게 인장을 교부한 것은 갑으로부터 매수한 물건대금의 명부카드작성을 위한 것이었는데, 갑이 무단히 피고들의 인감증명서를 교부받아 자기가 농협으로부터 위 물건대금의 10배가 넘는 금액을 차용하는데 피고들 명의로 연대보증계약을 체결한 경우에는 농협으로서는 갑에게 피고들을 대리할 권한이 있는지의 여부를 알아보는 것이 마땅하다 할 것이므로 설사 농협이 갑에게 대리권이 있는 것으로 믿었다 할지라도 그와 같이 믿은 데에 정당한 사유가 있다 할 수 없다」고 판시하였다.

④ 대법원 1976.7.13. 선고 76다1155 판결

채무자가 과거의 차용금채무의 변제기일연장에 사용하겠다고 하여 교부받은 연대보증인의 인감증명과 인감도장을 새로운 차용금채무에 대한 연대보증계약체결에 사용한 경우와 표현대리의 성부에 관하여, 「채권자 '갑'에 대한 과거의 차용금 채무를 연대보증한 '을'이 동 채무의 변제기일연장에 필요하다는 요청에 따라 인감증명과 인감도장을 교부하였을 뿐 새로운 채무부담을 위한 근저당권설정이나 다른 새로운 채무까지 연대보증할 것을 승낙한 바 없었는데 채무자가 임의로 위 인감도장을 사용하여 새로이 '갑'으로부터 금원을

차용하면서 '을'을 대리하여 연대보증계약을 체결한 경우에는 표현대리가 성립되지 아니한다」고 판시하였다.

⑤ 대법원 1976.12.21. 자75마551 결정

부재자 재산관리인이 법원의 매각처분허가를 받은 경우에 부재와 아무관계도 없는 제3자의 채무담보만을 위하여 부재자 재산에 근저당권을 설정한 것의 적부에 관하여, 「부재자 재산관리인이 법원의 매각처분허가를 얻었다 하더라도 부재자와 아무런 관계가 없는 남의 채무의 담보만을 위하여 부재자 재산에 근저당권을 설정하는 행위는 통상의 경우 객관적으로 부재자를 위한 처분행위로서 당연하다고는 경험칙상 볼 수 없다」고 판시하였다.

㈏ 본인의 고가 내지는 중요재산을 처분한 경우

① 대법원 1948.3.11. 선고 4280민상241 판결

「타인의 인장을 보관한 자가 본인의 승락없이 이를 사용하여 타인명의의 문서를 위조하여 소유권이전등기를 경유한 경우에는 대리권이 있다고 인정함에 정당한 사유가 있는 것이라고 할 수 없다」고 판시하였다.

② 대법원 1959.8.27. 선고 4292민상331 판결

「금전차수의 대리권을 수여받은 자가 본인의 인장을 소지한 사실만으로서는 타인을 위한 신원보증계약을 체결할 권한이 있다고 믿을 만한 정당한 사유에 해당하는 것이라 할 수 없다」고 판시하였다.

③ 대법원 1965.1.19. 선고 64다1100 판결

「처가 부의 중요한 재산이며 선조묘가 있는 부동산을 임의로 제3자에게 매도하였을 경우 그 매매대금으로 부의 채무를 변제하였고, 매도한 후 처나 그 부가 10년 간 아무 이의가 없었으며, 이를 매수한 자가 7, 8년 간 그 부동산에 관한 공과금을 납부하였고, 비록 부부간에 별거를 하고 있다 하더라도 그 가족들이 언제나 거래할 수 있는 사정이 있었다는 사실만으로써는 처의 매도행위가 부의 표현대리행위라고 인정할 자료가 된다거나 무권대리행위를 묵시적으로 추인한 것이라고 단정할 자료가 되지 못한다」고 판시하였다.

④ 대법원 1964.5.26. 선고 64다1008 판결

「소외 갑이 원고의 친형으로서 원고소유의 토지를 관리하여 왔으며, 이전에 그 토지의 일부를 타에 매각한 사실이 있었다는 것만으로서는 본건 매매에 있어서 매수인이 소외 갑을 원고의 대리인이라고 믿은 것을 정당하였다고 인정하기에 부족하다」고 판시하였다.

⑤ 대법원 1965.8.24. 선고 65다981 판결

표현대리에 관한 법리를 오해한 위법이 있는 사례에 관하여, 「원고소유인 토지 및 건물과 여기에 시설된 원고의 아버지 소유인 양조장을 원고의 동생이 관리 운영하여 오다가 이를 처분한 경우에 이를 관리 운영하여 왔다 하여도 그 관리 운영 중에 처분권한이 포함되지 아니함이 명백하므로 그 매매행위를 곧 권한유월에 의한 표현대리에 해당된다고 할 수 없다」고 판시하였다.

이상에서 거래관계의 의심성으로 인하여 정당한 이유가 부정된 사례를 본인과 이익상반되는 대리행위의 경우와 본인의 중요재산에 대한 처분행위를 한 경우로 나누어 살펴보았다. 예컨대 보증계약을 체결한다거나 제3자의 채무를 위하여 담보를 제공하는 행위는 본인에게 불이익을 줄 뿐 이에 상응하는 이익이 없는 법률행위로서 보증채무자나 담보제공자와 수익자 사이에 밀접한 자 사이관계가 있는 경우에만 성립되는 것이 보통이다.

따라서 이러한 법률행위를 대리하는 경우, 특히 자칭 대리인을 위하여 대리계약이 이루어진 경우에는 상대방이 비록 대리인에게 권한이 있다고 믿었다 하더라도 특별한 사정이 없는 한 이러한 신뢰의 객관적 정당성은 잘 인정되지 않는다. 또한, 부동산 기타 중요재산을 처분하는 경우에는 본인이 이에 직접 관여하는 것이 보통이며, 이러한 거래를 대리인을 통하여 하는 것, 특히 단지 관리권한만을 가진 자에게 이를 대리시키는 것은 예외적인 경우라고 볼 수 있다. 따라서 본인의 고가 내지는 중요재산을 자칭 대리인이 처분하는 경우, 상대방이 이를 믿음에 정당성이 있다고 하기 위해서는 이를 뒷받침하기에 충분한 객관적 사정이 존재하여야 하며, 이러한 법률외관이 불충분한 경우에는 상대방의 신뢰에 정당한 이유는 인정되지 않는 것이 보통이다.

(2) 대리인에게 의심스러운 사정이 있는 경우

㈎ 대리인 자격이 불확실한 경우

① 대법원 1969.10.23. 선고 69다1595 판결

「공유자인 소외인이 원고들의 본건 토지에 대한 지분소유권을 자기고유의 지분권과 더불어 피고에게 처분한 경우, 위 처분행위 이전에 원고들의 승락없이 위 소외인이 위 부동산에 관하여 피고명의로 근저당권을 설정한 탓으로 형사사건까지 발생한 적이 있었다면 피고가 위 부동산에 관하여 원고들로부터 지분권이전등기를 받을 경과에는 원고들에게 그 사실인지의 여부를 알아보았어야 할 터인데, 그렇지 아니한 이상 피고에게는 위 소외인이 원고들의 각기 지분소유권을 이전하는 대리권이 있다고 믿을 만한 정당한 이유 있는 경우라고 볼 수 없다」고 판시하였다.

② 대법원 1971.5.24. 선고 71다453 판결

「피고가 소외인에게 가입전화사용권의 임대에 관한 대리권을 수여하였다 하여도 위 소외인이 원고에게 위 사용권을 양도하는 계약을 체결하였음은 권한을 넘은 법률행위를 한데 불과하고, 위 소외인이 가입전화의 매매 및 그 주선을 주업으로 하는 자라 하여도 그 사실만 가지고는 특별한 사정이 없는 한 원고가 위 소외인에게 위 전화의 매도에 관한 피고의 대리권이 있다고 믿을 만한 정당한 이유가 된다고 인정하기 곤란할 것」이라고 판시하였다.

③ 대법원 1972.6.27. 선고 72다657 판결

수표이면에 하등의 문언표시도 없이 점원이 사용자의 인장을 단순히 날인한 것만을 가지고 물품대금 지급보증에 관한 권한유월의 표현대리인으로 인정할 수 없다고 한 사례로, 「수표이면에 하등의 문언표시도 없이 점원이 사용자의 인장을 단순히 날인한 것만을 가지고 물품대금 지급보증에 관한 권한유월의 표현대리인 것으로 믿었다 함은 사회통념상 있을 수 없는 일」이라고 판시하였다.

④ 대법원 1980.2.26. 선고 79다1160 판결

종중소유 부동산을 매수하는 자의 주의의무에 관하여, 「종중소유로 등기되어 있는 부동산을 한 개인으로부터 매수하는 경우에는 그가 진정한 종중대표자이거나 또는 이를 처분할 수 있는 권한이 있는지의 여부에 관하여 종중결의서의 제시를 요구하거나 종중 또는 종중원들로부터 이를 확인하여 보는 것이 보통이므로, 이러한 확인조치를 강구하지 아니 하였다면, 동인이 그 부동산을 처분할 권한이 있다고 믿음에 정당한 이유가 있다고 볼 수 없다」고 판시하였다.

⑤ 대법원 1990.4.10. 선고 89다카19184 판결

건설회사의 명의차용인인 소위 부금상무의 무권대리행위인 회사명의의 어음배서행위에 대하여 표현대리 성립을 부인한 사례로, 「소외 갑이 피고 회사의 상무직함을 갖고 피고 회사로부터 명의를 차용하여 건설공사도급계약을 체결하되 독자적인 계산과 책임하에 공사를 수행하면서 공사금의 10%를 피고 회사에 지급하는 소위 부금상무로서 소외인이 공사도급계약체결시에만 피고 회사의 대표이사의 직인을 사용할 수 있도록 허락받았음에도 불구하고 원고로부터 돈을 차용하면서 담보로서 자기가 발행한 약속어음에 위의 직인을 사용하여 피고 회사 대표이사 명의의 배서를 한 경우에 원고가 소외 을의 소개로 소외 갑과 그동안 10여 차례 이상 금전거래를 하여 온 사실, 소외 을은 소외 갑이 피고 회사의 부금상무라는 사실을 알고 있었던 사실, 상당수의 국내 종합건설업체가 이른바 부금

상무제도를 두고 있는 형편인 사실, 원고는 소외 갑과 같은 시에 거주하면서 피고 회사 및 갑과 같은 업종인 건설업에 종사하여 그 업계의 실태에 대해서 잘 알고 있는 위치에 있었던 사실 등이 인정된다면, 원고가 소외 갑이 피고회사의 부금상무에 불과하여 독자적으로 피고 회사를 대리하여 어음에 배서할 권한이 없음을 알고 있었다고 보여지므로 표현대리 성립을 인정할 수 없다」고 판시하였다.

㈏ 표현대리인이 신용이 없는 경우

① 대법원 1969.6.24. 선고 69다633 판결

「아내가 남편의 인장 및 권리증을 절취하여 부정한 방법으로 인감증명서를 교부받아 남편의 부동산을 처분하였을 경우에 전에도 아내가 그와 같이 부정한 방법으로 남편의 부동산을 처분한 사실이 있다는 사정은 표현대리의 정당한 사유에 해당하지 않는다」고 판시하였다.

② 대법원 1980.11.11. 선고 80다1942 판결

「보험회사 외무사원으로서 같은 외무사원인 원고로부터 여러 차례에 걸쳐 2,770,000원을 차용하고도 변제하지 못하고 있던 소외 갑이 피고의 처로부터 미등기 본건 부동산을 피고 명의로 소유권보존등기를 하여 달라는 위임을 받으면서 피고의 인감도장들을 교부받게 되자, 원고에게 2,770,000원을 차용한 것으로 된 현금보관증을 그의 명의로 작성교부하고 다시 위 인감도장을 사용하여 피고 명의의 3,150,000원의 현금보관증을 작성교부하고, 만일 피고가 위

금원을 변제기까지 변제하지 아니할 때에는 본건 부동산을 대물변제하겠다는 각서를 교부하였다면, 갑의 불성실한 신용과 위 대물변제 약정내용 등에 비추어 볼 때, 원고가, 피고가 갑에게 3,150,000원을 차용하여 줄 것을 부탁하였다는 갑의 말을 그대로 믿은 것에 정당한 이유가 있다고 할 수 없다」고 판시하였다.

대리인 자격이 불확실한 경우에서와 같이 공유자 1인의 다른 공유자 지분의 처분, 전화상의 타인전화의 매도, 점원의 수표날인행위, 개인의 종중소유 부동산의 매각 그리고 건설회사의 이른바 부금상무가 회사명의의 어음배서를 한 경우와 같이 자칭대리인의 대리인자격이 불확실한 경우, 상대방이 대리권한이 있다고 믿었다 하더라도 이러한 신뢰에 객관적 정당성이 인정될 수 없음은 당연하다. 또한 표현대리인이 신용이 없는 경우에서와 같이, 자칭 대리인이 신용이 없음에도 불구하고 이러한 자를 믿고 거래한 경우, 상대방의 신뢰에 정당성이 쉽게 인정될 수 없음도 대리인 자격이 불확실한 경우와 마찬가지라고 할 수 있다.

(3) 거래관계서류에 흠결이 있는 경우

① 대법원 1966.9.27. 선고 66다1521 판결

「소외인이 피고회사를 대리할 아무런 권한없이 인장을 위조하여 피고회사 명의의 약속어음을 발행하여 원고은행에게 교부한 경우, 원고은행이 위 어음에 찍힌 피고회사의 인영이 이미 원고은행에 신고된 바 있는 피고회사 대표이사의 인영과 동일한 것인가를 살펴보지 아니하였다면 원고은행으로서는 위 무권대리인 소외인이 위법률

행위를 할 대리권이 있다고 믿을 만한 정당한 이유가 있다고 보기는 곤란하다」고 판시하였다.

② 대법원 1972.2.29. 선고 72다38 판결

위조수표에 관한 피위조자의 표현책임의 법리를 오해한 사례로, 「발행인의 인감 등을 위조사용하여 위조수표를 발행한 경우 위조자와 피위조자간 친구이며 동업자라는 등 특별관계에 있다 하더라도 이들 사이에 표현대리관계에 있다 할 수 없다」고 판시하였다.

③ 대법원 1976.3.23. 선고 73다1549 판결

'갑' 명의로 소유권이전등기를 하여 달라는 부탁을 받은 '을'이 '갑'의 대리인임을 내세워 '갑'의 인감증명과 위임장 및 매도증만을 제시하여 매수인 '병' 과 부동산 매매계약을 체결한 경우에 '병' 은 '갑'에 대하여 표현대리 주장을 할 수 있는지 여부에 관하여, 「'갑' 명의의 소유권이전등기를 받아 달라는 부탁을 받은 '을'이 '갑'의 대리인이라고 하면서 '병'과 부동산 매매계약을 체결함에 있어서 '갑' 명의의 인감증명과 위임장 및 매도증서만을 제시할 뿐 등기필권리증을 제시하지 못하였을 뿐만 아니라 실인(인감도장)을 소지 못하였다면 적지 않은 값어치의 부동산을 매수하는 '병' 은 의당 상대방의 대리권에 대하여 의심을 갖고 그의 존부에 대하여 확인조치를 취하는 등 이에 대한 적절한 조사를 하여야 하고, 막연히 소개인과 자칭 대리인의 말만 맹신한 나머지 그에 대한 아무런 조치를 취하지 않고 계약을 체결하였다면 대리인을 상대로 거래하는 매주측으로서 의당 하여야 할 주의를 다하지 못한 과실이 있으므로 '갑'에 대하여 표현대리주장을 할 수 없다」고 판시하였다.

④ 대법원 1981.8.25. 선고 80다3204 판결

처가 남편의 대리인이라고 믿은 데에 정당한 이유가 없는 예로서, 「남편인 피고 몰래 임의로 갖고 나온 피고의 인장, 아파트 분양계약서 및 유효기간이 지난 인감증명서를 처가 소지하고 있었던 사실만으로는 피고가 처에게 돈 350만원 차용행위나 위 아파트 매도행위에 대한 대리권을 수여하였으리라고 원고가 믿음에 정당한 객관적 사정이 있었다고 인정할 수 없다」고 판시하였다.

⑤ 대법원 1989.4.11. 선고 88다카13219 판결

권한을 넘은 표현대리에 있어서 대리권이 있다고 믿을 만한 정당한 이유가 없다고 본 사례로, 「근저당권설정만을 위임받은 대리인이 그 권한외의 연대보증계약을 체결할 당시 본인명의로 위조한 백지약속어음, 백지어음보충권제공증, 거래약정서 등의 서류와 근저당권설정에 필요한 서류 및 본인의 인감도장, 용도가 근저당권설정용인 인감증명서 등을 소지하고 있었다는 점만으로는 상대방이 대리인에게 그 연대보증계약을 체결할 권한이 있는 것으로 믿는데 정당한 사유가 있었다고 보기 어렵다」고 판시하였다.

어음이나 수표에 날인된 인영이 본인의 것과 다르다거나 유효기사이가 지난 인감증명서 또는 다른 용도의 인감증명서를 제시한 바와 같이 거래서류에 하자가 있거나, 통상의 거래에서 요구되는 관계서류를 제시하지 못한 바와 같이, 대리인이라는 자가 소지한 관계서류에 흠결이 있는 경우에는 비록 상대방이 자칭대리인을 믿었다 하더라도 이러한 신뢰에는 과실이 있다고 볼 수 있기 때문에 정

당한 이유는 인정될 수 없다. 왜냐하면, 정상적인 대리관계에 있어서는 이러한 서류에 결함이 없는 것이 보통이며, 관계서류에 이상이 있다는 것은 자칭대리인의 대리권한이 완전하지 못함을 반증하는 사실로 받아들일 수밖에 없기 때문이다. 이와 같이 거래서류에 결함이 있는 경우에는 정당한 이유를 인정하지 않는 것이 판례의 일반적인 태도라 하겠다.

(4) 확인조사의무

㈎ 거래관계에 의심스러운 사정이 있는 경우

① 대법원 1980.8.12. 선고 80다901 판결

지방은행 예금취급소장의 개인수표지급 보증행위와 표현대리상의 과실에 대하여, 「지방은행의 예금취급소장이 그 자격을 사용하여 액면이 거액인 개인의 수표를 지급보증한다는 것은 이례에 속하는 것이므로 위 예금취급소장이 거액의 개인수표를 지급보증할 권한이 있는가를 지점이나 본점에 문의해 보는 조처를 취한 바 없다면 위와 같은 대리권 있는 것으로 믿은 데 과실이 있다고 할 것이다」고 판시하였다.

② 대법원 1987.12.8. 선고 85다카2340 판결

권한을 넘은 표현대리를 인정함에 있어 심리미진 내지 채증법칙위배의 위법이 있다하여 원심판결을 파기한 사례로, 「원고로서는 위 같이 이 사건 부동산에 대하여 이 사건과 같은 매매예약과 그에 따른 가등기를 할 수 있는 권한이 있는 것으로 믿을 만한 정당한 사유가 있다고 단정하기 어렵다 할 것인데도 원심이 그 판시와 같

은 이유로 표현대리의 성립을 인정한 조처는 심리를 제대로 하지 아니하였거나 채증법칙에 위배하여 사실을 오인하고 표현대리의 법리를 오해한 위법을 저질렀다」고 판시하였다.

③ 대법원 1989.9.12. 선고 88다카28228 판결

표현대리 성립을 위한 정당한 이유가 없다고 본 사례로, 「은행거래의 관행상 다른 담보를 제공하는 등의 특별한 사정없이 담보물의 물적 책임을 감경시켜 준다는 것은 이례적이고 또 은행지점장과의 면담 등을 통해서 은행대리가 저당부동산의 담보책임을 금 2억 원의 한도내로 제한하여 주기로 한 약정이 은행의 방침으로 확정된 것인지 등 여부를 쉽게 확인할 수 있는 점에 비추어 볼 때 위 담보부동산을 매수한 원고로서는 은행대리가 위 담보부동산 소유회사에 대한 대출관련 업무를 취급하고 있었다는 사유만으로 그에게 담보책임을 경감시킬 권한이 있었다고 믿을 만한 정당한 이유가 있다고 할 수 없다」고 판시하였다.

㈏ 상대방에게 고도의 조사의무가 요구되는 경우

① 대법원 1980.4.8. 선고 80다188 판결

인감도장과 인감증명을 소지한 경우와 표현대리에 관하여, 「금융기관이 본인 아님을 아는 어떤 사람이 본인의 인감도장과 그 인감증명을 가지고 있다 하여 계약체결의 권한이 있다고 믿었어도 정당한 이유는 되지 아니한다」고 판시하였다.

② 대법원 1982.7.13. 선고 82다카19 판결

은행의 대출사무처리규정에 위배하여 이루어진 근저당권설정 계약에 대하여 표현대리의 적용을 부정한 사례로, 「피고 은행의 대출사무처리규정에 위배하여 연대보증인인 원고 갑, 을을 면접하여 본인임과 담보제공의사를 확인하거나 이들로부터 직접 서명날인을 받음이 없이 원고 갑과 형제간인 소외 병이 소지한 인장을 이용하여 근저당권설정 계약서를 작성한 것이라면, 소외 병이 원고 갑과 형제간으로서 출판사를 공동경영하며 과거에 피고 은행으로부터 금원을 대출받을 때에 원고 갑, 을이 연대보증 및 물상보증인이 된 일이 한번 있었고, 위 근저당권설정당시 소외 병이 원고 갑, 을의 인장을 소지하고 있었다고 하여도 이러한 사유만으로 피고 은행이 소외 병을 원고 갑, 을의 정당한 대리인이라고 믿을 만한 정당한 이유가 있다고 보기 어렵다」고 판시하였다.

③ 대법원 1990.1.23. 선고 88다카3250 판결

은행 내부규정상의 확인절차를 밟지 않고 주식회사의 경리부장에게 한 대출과 회사의 표현대리책임에 관하여, 「원고은행의 직원이 대부담당 사무계통을 통하여 적법한 피고 회사의 차금요청이 있었는가를 확인하는 등 원고은행 소정의 대출절차를 밟았더라면 피고 회사의 경리부장에게 대리권이 있는지의 여부를 알 수 있었던 경우에는 비록 위 은행직원이 피고 회사의 경리부장에게 자금차용에 관한 대리권이 있었다고 믿었더라도 거기에는 위와 같은 주의를 다하지 아니한 과실이 있었다고 할 것이어서 결국 원고은행으로서는 피고 회사에게 표현대리 책임을 물을 수 없다고 할 것」이라고 판시하

였다.

보통의 경우 상대방의 신뢰에 무과실이 인정되기 위한 일반적 주의의무에 대리권유무에 대한 본인에게의 확인조사의무가 포함되어 있다고 볼 수는 없다. 다시 말해, 상대방이 표현대리인에게 대리권이 있다고 믿기에 충분한 객관적 사정이 존재하였다면, 이를 다시 본인에게 확인하지 않았다 하더라도 정당한 이유는 인정될 수 있는 것이다. 그러나 대리거래를 함에 있어서 의심스러운 사정이 있는 경우 판례는 종종 확인조사의무를 들어 정당한 이유를 부정하고 있다. 이와 같이 확인조사의무를 적극적으로 고려하여 상대방 신뢰의 과실유무를 판단하려는 것이 최근의 대법원의 일반적인 경향이라고 할 것이다. 특히 상대방 신뢰를 뒷받침하는 법률외관이 완전하지 못하다거나 본인에의 확인조사가 용이한 경우에는 상대방에게 대리권유무의 확인조사의무를 적극적으로 요구함으로써 정당한 이유의 인정에 신중한 태도를 보이고 있다.

한편, 상대방이 은행이나 농협과 같이 고도의 주의의무가 요구되는 금융기관인 경우, 본인에게 불리한 내용의 법률행위를 자칭 대리인과 체결함에 있어서 대리권유무를 본인에게 확인하지 않은 때에는 정당한 이유를 인정하지 않는 것이 판례의 일반적인 태도라고 하겠다. 신원보증을 위해 교부받은 인감과 인감증명을 가지고 융자에 필요한 제반서류를 위조하여 은행으로부터 대부를 받은 사안에 있어서 확인조사의무를 거론하지 않고 정당한 이유를 인정한 판례가 전혀 없는 것은 아니나, 고도의 조사의무가 요구되는 금융기관이 본인에게 불이익만을 주는 보증계약이나 저당권설정계약을 자칭

대리인과 체결한 경우에는 비록 대리권이 있다고 믿을 만한 법률외관이 있었다 하더라도 확인의무를 들어 정당한 이유를 부정하는 것이 대법원의 일관된 입장이다.

3) 본인과 표현대리인 사이에 밀접한 신분관계가 있는 경우

부부, 친자, 형제자매 기타 가까운 친족 등의 신분관계에 있는 자 간에 표현대리가 문제되는 사례는 상당히 많은 편이다. 이와 같이 본인과 표현대리인 사이에 밀접한 신분관계와 있다는 사실은 일반적으로 정당한 이유를 판단함에 있어서 긍정적 요인으로 작용한다고 보는 것이 타당할 것이다. 왜냐하면 우리나라와 같이 혈연을 중시하는 사회구조에 있어서는 중요한 법률행위를 본인과 가까운 친척이 대리하는 것이 이상한 현상이라고 볼 수 없고, 특히 대리인 자신을 위하여 본인이 보증을 선다거나 담보를 제공하는 바와 같이 본인에게 불이익을 줄 수 있는 대리행위는 이러한 신분관계로 인하여 성립하는 경우가 대부분이기 때문이다.

그러나 이와 같은 밀접한 신분관계가 있는 자는 본인의 인장이나 기타 거래서류를 쉽게 입수할 수 있을 뿐만이 아니라, 이러한 관계를 악용하여 월권행위를 할 염려가 강한 지위에 있다고도 볼 수 있기 때문에 이러한 사실이 반드시 긍정요인으로만 작용한다고 볼 수는 없으며, 부정요인으로 작용한 사례도 적지 않은 편이다. 이러한 신분관계 중에서도 부부간에 권한을 넘은 표현대리가 문제된 판례가 특히 많다.

(1) 정당한 이유가 인정된 사례

① 대법원 1964.12.22. 선고 64다1244 판결

「미국에 간 자의 처와의 사이에 남편의 채무에 관하여 남편 소유의 부동산에 대한 근저당권설정계약을 체결한 경우에는 그 처에게 대리권이 있다고 믿을 만한 정당한 사유가 있다고 볼 것이다」고 판시하였다.

② 대법원 1967.8.29. 선고 67다1125 판결

부부간 표현대리 관계를 인정한 실례로, 「원고가 처에게 저당권설정에 관한 권한을 수여한 사실이 없다고 하더라도 부부사이에는 일상의 가사에 관하여 대리권이 있으므로 본건 부동산에 관한 처의 저당권설정행위는 권한 밖의 법률행위를 한 경우에 해당하며, 원고가 본건 부동산에 관한 권리문서를 처에게 맡겨두고 다녔으며, 저당권자가 그 취득당시에 위 문서가 처의 수중에서 나온 것이라고 믿고 있었다면 처에게 저당권 설정에 관한 권한이 있다고 믿을 만한 사유가 있는 때에 해당한다고 볼 수 있다」고 판시하였다.

③ 대법원 1970.10.30. 선고, 70다1812 판결

「남편이 정신병으로 장기간 병원에 입원함에 있어서 입원비 생활비, 자녀교육비 등을 준비하여 두지 않은 경우에 그 아내에게 가사대리권이 있었고, 남편 소유의 가대를 적정가격으로 매도하여 그로서 위 비용에 충당하고 나머지로서 대신 들어가 살 집을 매수하였다면 매수인이 이러한 사유를 알았건 몰랐건 간에 객관적으로 보아서 그 아내에게 남편의 대리권이 있다고 믿을 만한 정당한 사유가

된다고 보아야 할 것」이라고 판시하였다.

④ 대법원 1971.10.11. 선고 71다1843 판결

「남편으로부터 신축건물의 소유권보존등기절차의 이행을 위임받은 처가 교부받은 남편의 인감과 인감증명 및 대지의 등기권이전등을 제시하면서 동 대지에 대한 처분권을 위임받은 것처럼 가장하고 차용금채무의 담보로서 동 대지에 대하여 환매특약부 매매계약을 체결하였다면 이는 처분권이 있다고 믿을 만한 정당한 사유가 있다 할 것이므로 그 행위는 권한을 넘은 표현대리에 해당한다」고 판시하였다.

⑤ 대법원 1980.11.11. 선고 80다947 판결

「원고는 처와 공동으로 수년간 의류판매업을 하다가 외항선원으로 취직하여 해외에 나가면서 처에게 원고 명의로 개설된 당좌거래를 이용하여 위 영업을 계속할 것을 위임하였고, 그의 처는 원고가 매수한 본건 부동산의 대금을 지급하기 위하여 원고의 위임에 따라 타에 근저당설정등기를 한 일이 있었고, 한편 그러한 사정들을 잘 아는 피고들이 원고의 처에게 영업자금을 대여하고 본건 부동산에 관하여 근저당권설정등기를 하여 받은 사실이 인정되므로 피고 등은 원고의 처에게 위 근저당권설정권한이 있는 것으로 믿음에 정당한 이유가 있다」고 판시하였다.

⑥ 대법원 1981.6.23. 선고 80다609 판결

「일상가사에 관하여 남편인 피고를 대리할 권한이 있는 처가 남편 몰래 남편의 인감도장, 인감증명서 등을 소지하고 그 대리인인

양 행세하여 금원을 차용하고 그 담보로 남편 소유의 부동산에 가등기를 경료하여 준 경우에 그 상대방이 위 처에게 그 남편을 대리할 권한이 있다고 믿음에 정당한 사유가 있다」고 판시하였다.

⑦ 대법원 1984.11.27. 선고 84다310 · 84다카1283 판결

「소외 갑이 해외체류 중인 남편 을의 대리인으로 부동산을 매수하여 을의 이름으로 소유권이전등기를 하였다가 위 을의 인감도장과 그 부동산의 등기권리증 및 부동산명의 변경용 인감증명서를 소외 병에게 교부하여 병이 그 명의로 소유권이전등기를 마친 것이라면 위 병으로서는 갑에게 본건 부동산에 관하여 을을 대리할 대리권이 있다고 믿을 만한 정당한 이유가 있었다고 볼 것」이라고 판시하였다.

⑧ 대법원 1987.11.10. 선고 87다카1325 판결

「처 을이 부 병의 해외취업 중 병으로부터 경영권을 위임받아 공장을 경영하면서 공장운영자금의 조달을 위하여 금원을 차용하고 이를 담보하기 위한 가등기를 경료함에 있어 채권자 갑이 을로부터 병명의의 가등기설정용 인감증명서를 교부받고, 을이 병의 인감을 소지하고 있는 것을 보았다면 갑이 을에게 병을 대리할 권한이 있다고 믿음에 정당한 이유가 있다」고 판시, 표현대리의 상대방이 본인을 대리할 권한이 있다고 믿음에 정당한 이유가 있는지 여부의 판단기준에 관하여는, 「일반적으로 표현대리의 경우 상대방이 본인을 대리할 권한이 있다고 믿음에 정당한 사유가 있는지 여부는 거래당시의 사정으로부터 객관적으로 거래의 관념에 따라 판단하여야 하는 바, 표현대리인이 대여받은 금원을 차용용도에 따라 사용하였

는지의 여부가 밝혀지지 아니하였다 하더라도 그것만으로 표현대리인에게 본인을 대리할 권한이 있다고 믿음에 있어 정당한 이유가 없는 경우라고는 볼 수 없다」고 하였다.

(2) 정당한 이유가 부정된 사례

① 대법원 1960.9.15. 선고 4292민상1007 판결

「부동산의 매매계약에 있어 처가 부의 실인을 소지한 사실만으로서는 그 매매의 대리권이 있다고 믿을 만한 정당한 이유가 있다고 할 수 없다」고 판시하였다.

② 대법원 1971.10.12. 선고 71다1763 판결

「처가 부의 승낙없이 몰래 부 소유부동산을 담보로 제공하기 위하여 등기권리증, 인감도장 및 인감증명 등을 그 정을 아는 타인에게 교부함으로써 그 부동산에 관한 소유권이전등기를 경료하였을 경우에는 대리할 권한이 있다고 믿을 만한 정당한 이유가 있다고 볼 수 없으므로 위 처의 행위는 표현대리에 해당한다고 할 수 없다」고 판시하였다.

③ 대법원 1973.1.16. 선고 72다1626 판결

「원고와 별거중인 원고의 처, 장남이 사업자금으로 금원을 차용하면서 보관중인 원고의 인감도장, 등기권리증 및 위조인감증명원 등을 제시하면서 원고의 대리인이라고 사칭하였다 하여도 이것만으로 이들이 원고의 대리인이라고 믿을 만한 정당한 이유가 있었다고 보기 어렵다」고 판시하였다.

④ 대법원 1984.6.26. 선고 81다524 판결

일상가사대리권을 수여받은 내연의 처가 체결한 근저당권설정계약과 그 상대방이 대리권이 있다고 믿을 수 없는 경우에 대하여, 「내연의 처에게 일상가사대리권이 수여된 경우라 하더라도 남편이 본처 소생의 장남 결혼비용을 내연의 처에게 차용토록 위임하면서 이와 아울러 거액의 기존채무를 위하여 그 소유부동산을 담보로 제공함에 필요한 대리권을 수여한다는 것은 이례에 속한다 할 것이고, 또 내연의 처가 남편의 인감도장이나 등기필증 등을 용이하게 입수할 수 있는 사정을 근저당설정계약의 상대방이 쉽게 알아차릴 수 있었다면 내연의 처에게 일상가사대리권이 수여되었고, 남편의 인감증명, 인감도장, 위임장, 일부 등기필증등을 지참하고 있었다는 점등은 피고가 내연의 처에게 근저당권설정 대리권이 있다고 믿은 정당한 이유가 될 수 없다」고 판시하였다.

통설·판례는 부부간에 정당한 권한 없이 대리행위를 하였다 하더라도 일상가사대리권을 기초로 상대방의 신뢰에 정당한 이유가 인정되기만 하면 제126조의 표현대리가 성립될 수 있다는 입장을 취하고 있다. 이러한 법리에 의할 경우, 본인과 표현대리인이 부부관계라는 사실만으로 본인의 귀책성은 무조건 인정될 수밖에 없으며, 결국 권한을 넘은 표현대리의 성부는 정당한 이유의 인정여하에 따라 결정되게 되는 바, 이러한 이론구성에 문제점이 있다고 할 수 있다. 판례는 부부간에 월권표현대리가 문제된 경우 정당한 이유라는 요건을 중심으로 그 성립여부를 판가름하고 있는 바, 이에 대한 판례의 태도를 살펴보면 다음과 같다.

실제의 사례에 있어서는 처가 정당한 대리권 없이 부 명의의 재산을 처분하거나 담보로 제공하는 경우가 대부분이다. 처가 부동산과 같은 부 명의의 중요재산을 처분한 경우에는 상대방 신뢰를 뒷받침할 만한 객관적 사정이 있다하더라도 이러한 거래는 이례에 속한다고 하여 정당한 이유는 잘 인정하고 있지 않다.

한편, 남편 명의의 재산을 완전히 처분하는 것이 아니라 단지 담보로 제공한다거나, 남편을 대리하여 보증계약을 체결하거나 금원을 차용하는 경우에는 처가 남편의 인장이나 거래서류를 소지하고 있으면 통상 정당한 이유를 보다 쉽게 인정하는 입장을 취하고 있었다고 볼 수 있다.

그러나 최근에는 남편이 처에게 소유권보존등기나 신원보증계약을 위임하였다든가 처가 남편과 공동으로 하던 사업을 남편의 해외출국으로 위임받은 경우처럼 본인인 남편의 귀책성이 인정될 수 있는 충분한 사정이 있는 때, 또한 제3자가 처의 신용을 보증하는 말을 상대방이 들었고 인감증명서의 용도란이 백지로 되어 있어 이는 남편 본인이 직접 발급받았다고 믿을 수 있는 등의 특별한 사정이 있는 때에 한하여 정당한 이유를 긍정하고 있으며, 그렇지 않은 경우에는 처가 남편의 인장이나 거래서류를 소지하고 있었다 하더라도 부부간에는 이러한 서류들을 쉽게 입수할 수 있는 사정이 있다는 이유를 들어 정당한 이유를 인정함에 신중을 기하고 있다.

6. 민법 제126조의 유추적용문제

1) 대리인이 본인임을 가장하여 법률행위를 한 경우

본인으로부터 일정한 권한을 부여받은 자가 대리관계를 명시하지 아니하고 그 권한을 넘어 본인의 이름으로 법률행위를 하였다면 이는 엄밀한 의미에서 대리행위라고 볼 수는 없다. 이러한 경우 상대방이 이를 본인의 행위라고 믿을 만한 정당한 이유가 있다고 할 때, 선의의 상대방 보호를 위해 제126조를 유추적용할 수 있는가가 문제된다.

판례는 「본인으로부터 도장을 부여받고 이를 사용하여 본인을 위한 어떤 행위를 할 것을 위임받은 자가 본인의 이름으로 권한외의 행위를 하여 그 상대편이 본인이 한 것이라고 믿었을 경우에는 본조를 준용함이 타당할 것이다」라고 하여 이를 긍정하였으나,[154] 그 후 태도를 바꾸어 「민법 126조의 표현대리는 대리인이 본인을 위하여 한다는 사실을 명시 혹은 묵시적으로 표시하거나 대리의사를 가지고 권한외의 행위를 하는 경우인 것을 요하며, 사술을 써서 이와 같은 대리행위의 표시를 하지 않고 자기를 위하여 단지 본인의 성명을 모용하여 자기가 마치 본인인 것처럼 기망하여 본인 명의로 직접 모든 법률행위를 한 경우에는 특별한 사정이 없는 한 위 126조를 적용할 수 없다」고 판시하였다.[155]

154) 대법원 1968.2.20. 선고 67다2762 제3부 판결.
155) 대법원 1974.4.9. 선고 74다78 판결.

그러나 대법원은 대리인이 원고로부터 위임받은 사무를 처리하고 보관중인 원고의 인장, 인감증명서, 등기권리증을 이용하여 원고본인임을 가장하여 피고로부터 돈을 차용하고 부동산에 가등기를 하여 준 사안에서, 「본인자신으로 가장하여 본인명의로 법률행위를 한 경우에는 선의의 제3자를 보호하기 위하여 대리권한이 없는 행위에 대하여 일정한 한도에서 본인에게 책임을 인정한 표현대리제도의 취지에 비추어 이를 유추적용할 수 있다」라고 판시하여,[156] 입장을 다시 바꾸었다.

2) 부동산을 대리인을 명의로 이전등기하고 제3자와 거래한 경우

부동산등기절차 등을 위임받은 대리인이 그 권한을 넘어 이를 처분한 경우, 제126조가 적용되어 선의의 상대방이 보호받을 수 있음은 물론이다. 그런데 월권대리행위를 하는 것이 아니라 소지중인 등기서류 등을 이용하여 위 부동산을 아예 자기명의로 이전등기를 하고 대리인으로서가 아니라 소유자의 자격으로 제3자와 거래한 경우, 선의의 제3자를 보호하기 위해 제126조가 유추적용될 수 있는가가 문제이다.

판례는 「소외 '갑'이 피고로부터 등기원인사실을 조작하여 위 부동산소유권등기를 자기 개인 앞으로 이전한 후 이를 자기의 소유물이라 하여 원고에게 매각하고 그 소유권이전등기를 하여 준 것이라면 원고에 대한 그 매매계약당사자는 '갑'이고 피고는 그 당사자가

---

156) 대법원 1978.3.28. 선고 77다1669 판결.

아님이 자명하므로 피고에 대한 관계에 있어 대리 내지 표현대리 이론을 적용시킬 요지가 없다」고 판시하고 있다.[157]

이러한 판례의 입장은 그 법리적용상 무리가 없다고도 볼 수 있겠으나, 실제에 있어서 위와 같은 경우는 일반적인 월권표현대리에서 보다 선의의 상대방을 보호할 필요는 더욱 강하다고 할 수 있다. 왜냐하면, 본인은 일정한 권한을 부여하여 이전등기를 가능케 함으로써 외부적으로 대리인을 부동산의 소유자로 볼 수 있는 법률외관의 조성에 그 책임이 인정될 뿐만 아니라, 등기부에 대리인 명의로 이전등기가 되어 있다는 사실은 통상의 표현대리에서 보다도 본인이 대리인의 월권행위를 알 수 있고 또한 이를 방지할 수 있는 기회가 많다고도 할 수 있으며, 또한 상대방의 신뢰는 국가가 관리하는 공적 장부인 등기부에 기초를 둔 것으로 일반적인 표현대리의 경우보다 객관적 정당성이 높다면 높다고 볼 것이지 결코 낮다고는 볼 수 없기 때문이다.

따라서 대리인으로서 제3자와 거래한 경우가 아니라는 이유로 표현대리규정은 적용할 여지가 없고 등기에 공신력이 인정되어 있지 않은 현행법제도하에서는 원인무효인 등기로 인한 거래의 상대방은 비록 선의라 하더라도 보호받을 수 없다는 판례의 태도는 지나치게 경직된 법리적용이며, 거래보호에 소극적이라는 비판을 면하기 힘들다.[158] 대리인이 그 권한을 넘어 본인임을 가장하여 법률행위를 한 경우에 제126조를 유추적용하여 선의의 상대방을 보호하는 것과 마찬가지로 대리인이 그 권한을 넘어 부동산을 자기의 명의로

157) 대법원 1972.12.12. 선고 72다1530 판결.

158) 이용박, 앞의 논문, 200면.

이전등기하고 제3자와 거래한 경우에도 그것이 비록 대리형식을 통하여 이루어진 거래는 아니라고 하더라도 제126조를 유추적용함으로써 선의의 제3자를 보호하여야 할 것이다.

이와 같이 부실등기의 원인을 제공하였고 또한 이를 방치한 본인보다는 등기부를 정당히 신뢰한 제3자를 보호하는 것이 표현대리의 근본취지에도 합당할 뿐만이 아니라, 이렇게 함으로써 등기부에 공신력이 인정되어 있지 않은 현행법제도의 단점을 어느 정도 보완할 수도 있을 것이다.

Ⅳ. 대리권 소멸 후의 표현대리

1. 의의

대리권 소멸 후의 표현대리란 대리권이 소멸하여 대리권이 없게 된 자가 대리행위를 한 때에 선의·무과실로 거래한 상대방을 보호하기 위하여 마치 대리권이 존속하고 있는 것과 같은 효과를 인정하는 표현대리를 말한다. 이를 제129조[159]의 표현대리라고도 표현하고, 멸권대리(滅權代理)라고도 한다.

이와 같은 대리권 소멸 후의 표현대리에 있어서, 상대방은 대리인의 대리권이 소멸하였는지를 외관상 용이하게 알 수 없고, 대리

159) 민법 제129조(대리권소멸 후의 표현대리) 대리권의 소멸은 선의의 제3자에게 대항하지 못한다. 그러나 제3자가 과실로 인하여 그 사실을 알지 못한 때에는 그러하지 아니하다.

권이 존속하는 것으로 오신한 경우, 그 오신에 과실이 없는 상대방을 보호하기 위한 제도이다.[160]

1) 상법 제37조와의 관계

상법에서는 지배인 등의 대리권 소멸[161] 및 회사대표기관의 선임을 등기사항으로 하고, 등기사항은 등기와 공고 후가 아니면 선의의 제3자에게 대항할 수 없도록 하고 있다. 이 때 지배인의 대리권 소멸의 등기 및 공고, 또는 회사 대표기관의 선임의 등기 및 공고를 하였음에도 불구하고 그 사실을 알지 못하는 제3자가 지배인이었던 자 혹은 회사대표기관이었던 자와 거래한 경우에 민법 제129조의 표현대리를 인정할 수 있는가의 문제가 발생한다. 상업등기의 효력에 비추어[162] 등기 및 공고가 있으면 제3자는 악의로 의제되므로 본조의 적용을 부정함이 타당할 것이다.

2) 민법 제470조 · 제471조와의 관계

채권의 준점유자에 대한 변제 및 영수증 소지자에 대한 변제는 변제로서 효력이 있다. 대리권소멸 후에 대리인이 청구서나 영수증

160) 김상용, 앞의 책, 641면.

161) 상법 제13조(지배인의 등기) 상인은 지배인의 선임과 그 대리권의 소멸에 관하여 그 지배인을 둔 본점 또는 지점소재지에서 등기하여야 한다. 전조 제1항에 규정한 사항과 그 변경도 같다.

162) 상법 제37조(등기의 효력) ①등기할 사항은 이를 등기하지 아니하면 선의의 제3자에게 대항하지 못한다. ②등기한 후라도 제3자가 정당한 사유로 인하여 이를 알지 못한 때에는 제1항과 같다.

을 갖고서 변제받은 경우에 제470조[163]・제471조[164] 외에 제129조를 적용할 수 있는가의 문제가 있는데, 경합을 인정해도 좋을 것이다.

2. 요건

1) 과거에 존재한 대리권의 소멸

민법 제129조의 표현대리는 일단 존재한 대리권이 소멸한 경우에 한하여 성립하고, 처음부터 대리권이 존재하지 아니한 경우나 아직도 대리권이 존재하고 있는 경우에는 민법 제129조가 적용되지 아니한다. 역시 대리인의 무능력과 같은 이유에 의하여 수권행위가 무효 혹은 취소된 경우에도 민법 제129조는 적용될 여지가 없다.[165]

163) 민법 제470조(채권의 준점유자에 대한 변제) 채권의 준점유자에 대한 변제는 변제자가 선의이며 과실 없는 때에 한하여 효력이 있다.

164) 민법 제471조(영수증소지자에 대한 변제) 영수증을 소지한 자에 대한 변제는 그 소지자가 변제를 받을 권한이 없는 경우에도 효력이 있다. 그러나 변제자가 그 권한 없음을 알았거나 알 수 있었을 경우에는 그러하지 아니하다.

165) 김민중, 앞의 책, 660면.

2) 상대방의 선의 · 무과실

상대방은 대리권의 소멸을 알지 못하고, 알지 못하는 것에 과실이 없어야 한다. 선의 · 무과실의 의의에 관해서는 대리인이 과거에 대리권을 가지고 있었고 지금도 그 대리권이 존재하는 것으로 믿고 그렇게 믿는 데 과실이 없는 경우로 이해하는 견해[166]와 현재 문제가 되고 있는 행위에 대리권이 존재한다고 오신하고, 그 오신에 과실이 없는 경우를 의미한다는 견해[167]가 있다.

판례가 본조의 표현대리와 제126조의 표현대리의 경합을 인정하고 있는 점에 비추어 보면, 현재 문제가 되고 있는 행위에 대리권이 있는 것으로 오신하면 제126조의 표현대리와의 경합을 인정하기 어려울 것이다. 따라서 과거에 대리권이 있었고 지금도 대리권이 존속하는 것으로 믿고, 그렇게 믿는 데 과실이 없는 것으로 해석하는 것이 타당할 것이다.[168]

과거의 대리권의 존재 및 상대방의 오신 사이에는 인과관계가 있어야 한다. 즉 상대방이 과거의 대리권을 인식하고, 이에 기하여 현재도 대리권을 가진다고 믿었어야 한다. 왜냐하면 본조 단서가 말하는 '대리권 소멸을 알지 못한 때'라는 것은 과거의 대리권을 알고 있음을 전제로 하는 것이지 때문이다.[169]

상대방의 선의 · 무과실의 입증책임이 누구에게 있느냐에 관해서는 본인에게 상대방의 악의 · 유과실의 입증책임이 있다는 견해[170]

166) 곽윤직, 앞의 책, 282면.
167) 김용한, 앞의 책, 380~381면.
168) 김상용, 앞의 책, 642면.
169) 김증한 · 김학동, 앞의 책, 453면.
170) 곽윤직, 앞의 책, 282면.

와 선의의 입증책임은 상대방에게 있고, 과실의 입증책임은 본인에게 있다는 견해[171]가 대립되고 있다.

3. 적용범위

1) 법정대리

법정대리에도 본조의 표현대리의 성립을 인정하는 것이 일반적이다.[172] 그러나 법정대리에의 적용을 긍정하면서도 무능력자의 법정대리에 관하여 본조에 의한 표현대리를 인정하여 무능력자를 보호하려는 취지에 반하는 효과로 되는 때에는 본조의 적용을 부인하여야 한다는 견해[173]가 있다. 판례는 법정대리에 본조의 적용을 인정하고 있다.[174]

2) 제126조와의 경합문제

본조에 의한 표현대리와 제126조에 의한 월권대리는 경합될 수 있다. 이 때에는 제129조와 제126조가 중복적용된다.[175] 판례도 이와 같다.[176]

---

171) 고상룡, 앞의 책, 596면.
172) 곽윤직, 앞의 책, 282면; 김상용, 앞의 책, 643면; 김증한·김학동, 453면; 장경학, 앞의 책, 597면.
173) 이영준, 앞의 책, 605면.
174) 대리권소멸 후의 표현대리에 관한 민법 제129조는 법정대리인의 대리권소멸에 관하여도 적용이 있다(대법원 1975.1.28. 선고 74다1199 판결.)
175) 김상용, 앞의 책, 643~644면.

V. 표현대리의 효과

표현대리의 효과는 세 가지의 경우가 모두 동일하며, 본인은 행위의 효과가 자기에게 미치는 것을 무권대리라고 하여 거부할 수 없다. 민법은 '책임이 있다'고 규정하고 있으나[177], 책임·의무만이 지워지는 것이 아니고, 동시에 상대방에 대한 권리도 취득한다.

1. 표현대리의 효과의 주장권자

표현대리는 상대방이 이를 주장한 경우에 비로소 문제가 되며, 상대방이 주장하지 않는 한 본인측에서 이를 주장할 수 없다. 본인이 당해 대리행위의 효과를 의욕한다면 무권대리 일반의 경우와 마

---

176) 대리권소멸 후 종전의 대리인이 아직도 그 대리인이라 칭하며, 종전의 대리권의 범위에 속하지 아니하는 행위를 한 경우에는 그 대리권의 소멸에 관하여 선의 무과실의 상대방이 그 행위에 관하여 대리인에게 그 권한이 있다고 믿을 만한 정당한 이유가 있는 때에는 본인은 그 행위에 관하여 상대방에 대하여 그 책임을 면할 수 없다(대법원 1970.2.10. 선고 69다2141 판결); 피고가 원고의 남편 "갑"이 전에도 제3자로부터 금원을 차용하고 본건 부동산을 가등기한 사실이 있고, 그 때 서류를 갖추어 준 사람은 원고 자신이니 본건도 피고로서는 "갑"이 인감도장과 인감증명 및 권리증까지 소지하고 와서 날인하는 것으로 보아 처인 원고를 대리하는 것으로 믿었고 또 믿음에 있어 정당한 사유가 있었다고 하여 민법 126조 소정의 표현대리를 주장하는 경우에는 동법 129조 소정 표현대리의 권한을 초과한 대리행위가 있었다는 것을 이유로 민법 129조와 126조의 중복적용을 주장하는 취지로 해석함이 상당하다(대법원 1976.4.13. 선고 75다2324 판결).

177) 민법 제125조.

찬가지로 상대방에 의한 무권대리행위의 철회[178]가 있기 전에 추인[179]을 하는 방법이 있을 뿐이다. 반대로 본인이 무권대리행위의 추인을 거절하더라도 상대방으로부터의 표현대리의 주장을 막을 수 없다.[180]

2. 표현대리와 무권대리의 각 효과의 관계

표현대리제도는 위에서 본 바와 같이 무권대리인의 대리행위의 효과가 본인에게 미치는 것을 거부할 수 없지만, 무권대리로서의 면이 제거되는 것은 아니다.

상대방은 표현대리를 주장하여 본인과의 사이에 행위한 대로의 효과를 생기게 하는 것을 의욕하지 않는다면 민법 제134조의 철회권을 행사하여 완전히 무효로 확정시킬 수 있으며, 반대로 본인측에서는 당해 행위의 효과를 받겠다고 의욕한다면 추인하면 되므로 위의 철회와 추인은 빨리 하는 쪽에 의하여 당해 대리행위의 효과가 확정된다.

상대방에게는 표현대리 주장과 철회권 행사라는 두 가지 선택지가 있으므로 본인에 대한 상대방의 최고권[181]을 인정하여도 그다지 실익은 없으나 부인할 근거도 없다.[182]

상대방이 표현대리의 주장도 무권대리행위의 철회도 하지 않고,

178) 민법 제134조.
179) 민법 제132조.
180) 김주수, 앞의 책, 402면.
181) 민법 제131조.
182) 김주수, 앞의 책, 402~403면.

제135조에 의하여 무권대리인의 책임을 물을 수 있는가의 문제에 관하여 통설은 표현대리의 요건을 갖추는 이상 상대방은 그것으로 소기의 목적을 이룰 수 있으므로 무권대리인의 책임을 물을 수 있도록 할 필요가 없다고 하여 이를 부정한다.[183] 이에 대하여 소수설은 상대방이 표현대리로서의 효과와 무권대리로서의 효과를 선택적으로 주장할 수 있다고 한다.[184]

표현대리는 어디까지나 무권대리이면서도 통상의 무권대리와는 다른 특수한 구제도 받을 수 있다는 일종의 특수한 무권대리라고 볼 수 있다. 따라서 상대방은 본인이나 표현대리인의 어느 쪽에 대해서도 책임을 물을 수 있다는 점에서 정상적인 유권대리에 있어서보다 두터운 구제를 우연한 사정으로 인하여 받게 된다.

무권대리라는 인정이나 입증은 비교적 쉽지만 표현대리의 입증, 특히 소송 전에 당사자가 그 성사여부를 예측하는 것은 일반적으로 매우 어렵다. 결국 양쪽으로 구제를 받을 수 있다고 해도 그 중 한쪽은 실제로는 확실하지 않은 것으로 본인측의 재빠른 추인에 의하여 다른 한쪽이 봉쇄될 위험성이 따른다는 것을 생각하면, 우연히 상대방이 선택권을 유리하게 활용할 수 있는 가능성이 있다는 이유만으로 제135조에 자구에 구애받아 축소해석을 할 근거는 없을 것이다.[185]

183) 장경학, 앞의 책, 599면.
184) 김증한·김학동, 앞의 책, 454~455면.
185) 김주수, 앞의 책, 403~404면.

3. 본인과 표현대리인의 관계

표현대리가 성립하더라도 본인과 표현대리인 사이에는 특별한 효과가 생기는 것은 아니다. 본인이 손해를 입은 경우에는 일반의 무권대리의 경우와 마찬가지로 불법행위, 부당이득 또는 사무관리에 기인한 책임을 표현대리인에 대하여 물을 수 있다. 그리고 제126조의 표현대리 등에 있어서는 계약상의 채무불이행책임으로 구성도리 경우도 있을 것이다.[186)]

4. 대리인과 상대방의 관계

대리인과 상대방과의 사이에는 특별한 법률관계 내지 문제가 생기지 않는다.[187)]

186) 장경학, 앞의 책, 599~600면.
187) 김주수, 앞의 책, 404면.

제5장 무권대리

Ⅰ. 무권대리의 의의

대리인으로서 대리행위를 행한 자가 당해 행위에 대하여 대리권을 갖고 있지 않는 경우를 무권대리라고 한다. 예컨대 아무런 권한도 부여받지 않았으면서 타인을 자기 채무의 연대보증인으로 하는 계약을 그 타인을 대리하여 채권자 사이에 체결한다든가, 자기 채무를 담보하기 위하여 배우자 소유의 토지에 저당권을 설정하는 대리권을 배우자에게 부여하였는데 그 권한을 넘어 당해 토지를 양도해 버리는 등의 경우이다.

무권대리가 행해진 경우 대리행위의 법률효과가 본인에게 귀속되지 않을 뿐만 아니라 대리인에게도 귀속되지 않는다. 본인에게 효과가 귀속되지 않는 것은 효과귀속요건을 결하기 때문이며, 대리인에게 효과가 귀속하지 않는 것은 대리인이 대리행위를 행한 때의 의사는 본인에게 효과를 귀속시키려고 하는 것으로 대리인 자신에게 효과를 귀속시킨다는 의사를 갖고 있지 않았기 때문이다.

무권대리에는 광의의 무권대리와 협의의 무권대리가 있다. 광의의 무권대리에는 넓게는 대리권이 없었던 경우를 말하는데, 그 안에 표현대리가 성립하기 때문에 결과적으로는 본인의 책임을 물을 수 있는 경우와 표현대리가 성립하지 않기 때문에 최종적으로도 본인의 책임을 물을 수 없는 경우를 포함한다. 협의의 무권대리는 표현대리가 성립하지 않고, 최종적으로 본인에게의 효과귀속을 주장할 수 없는 경우를 말한다.

Ⅱ. 본인이 취할 수 있는 수단

계약이 무권대리행위에 의하여 체결된 경우, 계약의 효력이 당연하게 본인에게 귀속하지 않는다. 그러나 본인은 이를 추인함으로써 계약의 효력이 자신에게 미칠 것을 주장할 수 있다.[188] 본인으로서는 계약내용이 자신에게 유리하다고 생각하여 적극적으로 추인하고 싶다고 생각하는 경우도 있다. 다만 계약의 본인에 대한 효력이 본인의 추인 유무에 의하여 좌우되면 상대방의 지위는 한층 불안정한 상태에 놓여지게 된다. 그리하여 법은 무권대리행위의 상대방의 불안정한 지위를 해소시키는 수단으로서 상대방에게 최고권과 철회권을 부여하고 있다.

1. 본인의 추인

추인은 대리권 없이 행해진 대리행위임에도 불구하고 그 효과를

188) 민법 제130조(무권대리) 대리권 없는 자가 타인의 대리인으로 한 계약은 본인이 이를 추인하지 아니하면 본인에 대하여 효력이 없다.

자기에게 귀속시킨다는 의사표시이다. 추인은 대리권의 결함을 보충하는 것에 지나지 않고, 무권대리인의 법률행위가 착오나 허위표시 등의 원인으로 무효인 경우에 이러한 원인으로 인한 무효를 주장할 수 있는 것은 별개의 문제이다. 예컨대 무권대리를 추인한 후에 대리인이 착오를 하였다는 것을 이유로 착오무효를 주장하는 것은 상관없다.

1) 추인권자

추인할 수 있는 권리 또는 지위는 본인에게 귀속한다. 추인은 계약의 효과를 자기에게 귀속시키는 행위이므로 본인이 그 계약을 체결할 능력을 갖지 않는 경우에는 추인도 할 수 없다.[189] 따라서 한정치산자·금치산자의 법정대리인이나 미성년자의 친권자가 무권대리를 행한 경우에 한정치산자·금치산자가 능력을 회복하거나 미성년자가 성년에 달하기까지는 추인할 수 없다.[190] 추인권도 권리이므로 당해 계약에 의한 본인의 지위가 일신전속적인 지위가 아닌 한 상속의 대상으로 되며, 본인의 상속인이 추인권을 행사할 수

189) 민법 제144조 1항의 유추적용.

190) 구 민법하에서는 친족회에서 후견인을 선임한 때에는 곧 후견감독인을 선임하여야 하고, 후견인과 피후견인의 이익이 상반되는 행위에 관하여는 후견감독인이 피후견인을 대리하여야 하는 것이므로 후견인이 피후견인과 이익이 상반되는 행위를 후견감독인에 의하지 아니하고 한 경우에는 무권대리행위로서 본인의 추인이 없는 한 무효이다(대법원 1981.3.24. 선고 81다18 판결) ; 일본의 대심원은 친권자의 이익상반행위를 이유로 하는 무권대리행위를 자는 성년에 달한 후에 추인할 수 있다고 판단하였다(大判昭和11年8月7日民集15巻1630頁).

있다.

2) 추인의 성질

무권대리의 추인은 일응 효력이 생긴 행위를 확정적으로 유효하게 하는 취소할 수 있는 행위의 추인과는 달리 효력의 발생유무가 불확정한 행위에 관하여 그 행위의 효과를 자기에게 직접 발생케 하는 것을 목적으로 하는 의사표시이다. 본인의 추인은 무권대리행위의 상대방이나 무권대리인 등의 동의나 승낙을 필요로 하지 않는 단독행위이다. 또한 사후의 대리권의 수여가 아니며, 그 권리의 성질은 형성권에 속한다.[191]

3) 추인의 방법

추인은 단독행위이므로 의사표시의 요건을 갖추어야 한다. 따라서 본인이 무권대리행위의 사실을 알고 있으면서 이의를 제출하지 않고 있다는 것만으로는 추인이 되지 않는다.[192] 그러나 추인에는

---

191) 곽윤직, 앞의 책, 283면.

192) 타인의 형사책임을 수반하는 무권대리행위에 의하여 권리의 침해를 받은 자가 그 타인에 대한 형사고소를 제기하거나 침해된 권리의 회복을 위한 민사소송을 제기하는 등은 그의 권리에 속하는 것이니 만큼 그 권리의 소멸사유가 없는 한 그 행위가 있는 사실을 알고도 장기간을 경과한 후에야 비로소 이를 행사하였던 것이라 한들 그 권리행사를 불법한 것이었다고는 할 수 없을 것이고, 일방 무권대리행위에 대한 본인의 주인은 그 행위의 효과를 자기에게 귀속시키려는 것을 내용으로 하는 의사표시이니 만큼 그러한 의사가 명시 또는 묵시로 표시되었다고 볼만한 사유가 없는 한 그 행위에 대한 전기와 같은 권리들을 그 행위가 있었음을 알고서도 장기간 행

특별한 방식이 요구되지 않으므로 명시적이든 묵시적이든 상관없다.[193] 추인은 상대방이 있는 단독행위로, 그 상대방은 무권대리인이어도 좋고 대리행위의 상대방이어도 좋으나,[194] 무권대리인에 대하여 추인한 경우에는 상대방이 추인을 알지 못하면 상대방에 대하

사하지 않고 있었다는 사실만으로서는 그 행위에 대하여 묵시적인 추인이 있었던 것이라고 할 수 없다(대법원 1967.12.18. 선고 67다2294·2295 판결); 무권대리행위에 대하여 본인이 그 직후에 그것이 자기에게 효력이 없다고 이의를 제기하지 아니하고 이를 장시간에 걸쳐 방치하였다고 하여 무권대리행위를 추인하였다고 볼 수 없다(대법원 1990.3.27. 선고 88다카181 판결); 무권대리행위에 대한 추인은 무권대리행위로 인한 효과를 자기에게 귀속시키려는 의사표시이니만큼 무권대리행위에 대한 추인이 있었다고 하려면 그러한 의사가 표시되었다고 볼 만한 사유가 있어야 하고, 무권대리행위가 범죄가 되는 경우에 대하여 그 사실을 알고도 장기간 형사고소를 하지 아니하였다 하더라도 그 사실만으로 묵시적인 추인이 있었다고 할 수는 없는 바, 권한 없이 기명날인을 대행하는 방식에 의하여 약속어음을 위조한 경우에 피위조자가 이를 묵시적으로 추인하였다고 인정하려면 추인의 의사가 표시되었다고 볼 만한 사유가 있어야 한다(대법원 1998. 2.10. 선고 97다31113 판결).

193) 무권대리행위의 추인은 묵시의 방법으로도 이를 할 수 있다(대법원 1967.12.26. 선고 67다2448·67다2449 판결); 무권대리행위는 그 효력이 불확정 상태에 있다가 본인의 추인유무에 따라 본인에 대한 효력발생 여부가 결정되는 것인 바, 그 추인은 무권대리행위가 있음을 알고 그 행위의 효과를 자기에게 귀속시키도록 하는 단독행위로서 그 의사표시의 방법에 관하여 일정한 방식이 요구되는 것이 아니므로 명시적이든 묵시적이든 묻지 아니한다(대법원 1990.4.27. 선고 89다카2100 판결).

194) 무권대리인의 계약에 대한 추인은 계약의 상대방 또는 무권대리인에게 하여야 한다(대법원 1969.10.23. 선고 69다1175 판결); 무권대리행위의 추인에 특별한 방식이 요구되는 것이 아니므로 명시적인 방법만 아니라 묵시적인 방법으로도 할 수 있고, 그 추인은 무권대리인, 무권대리행위의 직접의 상대방 및 그 무권대리행위로 인한 권리 또는 법률 관계의 승계인에 대하여도 할 수 있다(대법원 1981.4.14. 선고 80다2314 판결).

여 추인의 효과를 주장할 수 없다.[195] 따라서 그 때까지는 상대방이 철회할 수 있다. 이 경우에도 무권대리인에 대한 관계에서는 그 추인이 유효하며, 상대방이 본인에게 추인의 효과를 주장하는 것은 상관없다.

4) 추인의 효과

추인이 있으면 대리행위의 효과가 대리행위 당시로 소급하여 본인에게 귀속한다.[196] 본인은 이미 행해진 대리행위에 대하여 효력이 생기도록 추인하고, 상대방은 처음부터 효력이 있는 것으로 생긴 것으로 생각하여 행동하고 있으므로 행위시에 소급하는 것이 원칙이다. 이것이 추인의 소급적 효력이다. 추인의 소급효에는 다음의 예외가 있다.

(1) 특약

본인과 상대방 사이에 다른 의사표시가 있는 때에는 소급효가 없다.[197] 이 '다른 의사표시'가 본인의 의사표시만으로 충분한가 아니면 상대방의 동의를 필요로 하는가가 문제로 되는데, 본래 상대방은 계약이 처음부터 효력을 가지는 것으로 예상하여 법률행위를 하는 것이므로 본인의 의사만으로 장래에 향하여 효력 있는 것으로

195) 민법 제132조(추인, 거절의 상대방) 추인 또는 거절의 의사표시는 상대방에 대하여 하지 아니하면 그 상대방에 대항하지 못한다. 그러나 상대방이 그 사실을 안 때에는 그러하지 아니하다.

196) 민법 제133조(추인의 효력) 추인은 다른 의사표시가 없는 때에는 계약시에 소급하여 그 효력이 생긴다. 그러나 제3자의 권리를 해하지 못한다.

197) 민법 제133조 본문.

할 수 있다는 것은 상대방의 의사에 반한다. 학설은 '다른 의사표시'는 본인과 상대방 사이의 계약이어야 한다고 해석하는데 일치한다.[198]

(2) 소급효의 제한

추인의 소급효는 제3자의 권리를 해하지 못한다.[199] 제3자의 권리란 무권대리행위에서 추인 사이에 제3자가 취득한 권리로, 상대방의 권리와 저촉하는 내용을 갖는 것을 가리킨다. 예컨대 A의 토지를 무권대리인 B가 C에게 양도하고, 이어 A가 이 토지를 D에게 양도 후에 A가 B의 행위를 추인한 경우에는 C에의 양도가 민법 제133조 본문에 의하여 소급적으로 유효하게 되므로 D는 무권리자로부터 양도를 받은 것이 되어 권리를 취득할 수 없다.

그러나 이는 타당하지 않으므로 A의 추인에 의한 소급효를 제한하여 D에게 권리를 취득시키려는 것이다. 그러나 C에의 양도가 소급적으로 유효하다고 하여도 C와 D의 관계는 A로부터 이중양도가 있었던 것에 지나지 않고, 최종적으로 C와 D 어느 쪽이 권리를 취득하는가는 대항요건에 의하여 결정된다. 따라서 이 단서의 실익은 없다고 할 수 있다.

---

198) 곽윤직, 앞의 책, 284면.
199) 민법 제133조 단서.

2. 본인의 추인거절

본인 기타 추인권자가 추인을 거절하면 대리행위의 효과는 본인에게 귀속하지 않는 것으로 확정된다. 추인거절은 통상은 무권대리행위의 상대방에 대하여 행해지나, 무권대리인에 대하여 행해져도 상관없다. 이 경우 상대방이 이를 안 경우에 한하여 상대방에게 대항할 수 있다.200)

Ⅲ. 상대방이 취할 수 있는 수단

무권대리행위는 본인의 의사에 의하여 그 효력이 좌우되므로 상대방의 지위는 불확정한 것이 된다. 이에 민법은 상대방 보호를 위하여 최고권과 철회권을 인정하고 있다.

1. 최고권

최고는 본인에 대하여 무권대리행위를 추인할 것인지 아닌지 확답을 독촉하는 행위이다.201) 무권대리행위의 상대방이 하는 최고는

200) 민법 제132조.

201) 민법 제131조(상대방의 최고권) 대리권 없는 자가 타인의 대리인으로 계약을 한 경우에 상대방은 상당한 기간을 정하여 본인에게 그 추인여부의 확답을 최고할 수 있다. 본인이 그 기간 내에 확답을 발하지 아니한 때에는 추인을 거절한 것으로 본다.

본인에게 상당한 기간을 정하여 문제의 무권대리행위의 추인여부를 확실하게 대답하라는 뜻을 표시하는 것이다. 본인이 그 기간 내에 확실한 대답을 발하지 아니한 때에는 추인을 거절한 것으로 본다.[202)]

2. 철회권

철회는 무권대리행위의 상대방이 무권대리인과의 사이에서 맺은 계약을 확정적으로 무효로 하는 행위이며, 철회가 있으면 그 후 본인은 당해 무권대리행위를 추인하지 못하게 된다.[203)] 철회는 본인의 추인이 있기 전에 본인이나 그 무권대리인에 대하여 하여야 한다. 철회권은 선의의 상대방에게만 인정되는데, 선의의 상대방이란 대리인에게 대리권 없음을 알지 못하는 것으로, 선의·악의를 결정하는 표준시기는 계약 당시이다. 선의의 상대방에게만 철회권을 인정하는 이유는 악의의 상대방은 불확정한 상태에 놓이는 것을 각오한 것으로 볼 수 있으며 이를 보호할 필요가 없기 때문이다. 입증책임은 본인에게 있다.[204)]

202) 상대방을 보호하기 위하여 발신주의를 취하고 있다.
203) 민법 제134조(상대방의 철회권) 대리권 없는 자가 한 계약은 본인의 추인이 있을 때까지 상대방은 본인이나 그 대리인에 대하여 이를 철회할 수 있다. 그러나 계약당시에 상대방이 대리권 없음을 안 때에는 그러하지 아니하다.
204) 곽윤직, 앞의 책, 286면.

Ⅳ. 무권대리인의 책임

무권대리인은 그 의사표시의 효과를 타인에게 귀속시킬 목적으로 행위를 하는 것이므로 대리권이 없으면 본인에게도 무권대리인 자신에게도 대리행위의 효과가 귀속되지 않는다. 그러나 무권대리로 인하여 본인에게도 무권대리인에게도 효과가 미치지 않는다고 하면 상대방의 이익을 해하게 된다. 따라서 민법은 무권대리인은 선의·무과실의 상대방에 대하여 책임이 있다고 규정해 두고 있다.[205]

1. 책임발생의 요건

1) 적극적 요건

① 대리인이 대리권을 증명할 수 없어야 한다.[206] 그 입증책임은 상대방이 이를 부담하지 않으며, 무권대리인이 책임을 벗어나려면 자기에게 대리권이 있었음을 증명하여야 한다.

② 본인의 추인이 있거나 또는 표현대리가 되는 등 본인에게 직접 책임을 물을 수 있는 사정이 없어야 한다.[207] 그러한 사정

---

205) 민법 제135조(무권대리인의 상대방에 대한 책임) ①타인의 대리인으로 계약을 한 자가 그 대리권을 증명하지 못하고 또 본인의 추인을 얻지 못한 때에는 상대방의 선택에 좇아 계약의 이행 또는 손해배상의 책임이 있다. ②상대방이 대리권 없음을 알았거나 알 수 있었을 때 또는 대리인으로 계약한 자가 행위능력이 없는 때에는 전항의 규정을 적용하지 아니한다.

206) 민법 제135조 1항.

이 있으면 상대방은 기대한 대로의 효과를 거둘 수 있게 되어, 무권대리인에게 책임을 물을 필요가 없기 때문이다.

③ 상대방이 아직 철회권을 행사하고 있지 않아야 한다.

2) 소극적 요건

① 무권대리인에게 대리권이 없다는 사실을 상대방이 알지 못하고, 또한 알지 못하는 것에 과실이 없어야 한다.[208] 무권대리인이 사대방의 악의 또는 과실을 증명하면 면책된다. 대리권의 부존재에 대하여 악의 또는 과실인 상대방은 민법 제135조의 책임의 목적인 거래안전의 관점에서 보호할 필요가 없기 때문이다.[209]

② 무권대리인이 행위능력자이어야 한다.[210] 무능력자에게 무거운 책임을 지게 하는 것은 타당하지 않으며, 민법 제135조의 취지에도 반하기 때문이다. 그러나 무능력자가 법정대리인의 동의를 얻어서 무권대리행위를 한 때에는 능력자와 마찬가지의 책임을 지게 된다.[211]

207) 민법 제135조 1항.
208) 민법 제135조 2항.
209) 四宮和夫・能見善久, 前揭書民, 296頁.
210) 민법 제135조 2항.
211) 곽윤직, 앞의 책, 287면.

2. 책임의 내용

책임발생의 요건이 충족되면 무권대리인은 법률상 당연히 책임을 지게 된다. 즉 상대방의 선택에 좇아 계약의 이행 또는 손해배상의 책임이 있다.[212]

1) 이행

이행의 책임을 선택하면 본인과의 사이에 성립하였을 것과 같은 법률관계가 무권대리인과의 사이에 발생한다. 예컨대 본인 A를 무권대리하여 B가 A 소유의 토지를 C에게 매각한 경우, 상대방인 매수인 C는 무권대리인 B에 대하여 목적물의 소유권 이전·점유권 이전을 청구할 수 있는 권리를 취득하는 반면, 대금을 지불한 의무를 지게 된다. 다만 C가 매매목적물을 소유하지 않은 B에 대하여 이행청구하여도 B가 A로부터 목적물을 입수할 수 없으면 이행불능으로 인하여 C의 권리는 손해배상청구권이 된다.

2) 손해배상

손해배상은 단순히 대리권이 있다고 믿는 것에 의하여 입은 손해가 아니라, 유효한 계약의 이행이 있었던 것과 동일한 이익의 배상을 가리킨다.[213] 즉 배상의 범위에 이행이익과 신뢰이익의 배상을

212) 민법 제135조 1항.

213) 무권대리인의 본조에 의한 손해배상책임은 이행에 갈음하는 손해의 배상

포함한다.[214]

선택의 성질에 대하여는 대체로 선택채권의 규정에 의해야 한다고 해석되고 있다.[215]

Ⅴ. 단독행위의 무권대리

1. 계약의 무권대리와의 차이

단독행위의 무권대리에 관하여는 민법 제136조[216]에서 규정하고 있다. 이는 본인의 추인 등에 의하여 무권대리행위가 소급적으로 유효하게 된다고 하는 것은 단독행위의 무권대리의 경우에는 원칙적으로 인정되지 않는다는 의미이다.

예컨대 본인 A의 무권대리인 B가 상대방 C에 대하여 해제의 의사표시를 하여도 무권대리행위로서 무효이고, C도 무권대리행위로 무효라는 것을 이유로 안심하고 있었던 것을 나중에 본인 A가 이를 추인하는 것으로 소급적으로 헤재의 의사표시가 유효하게 된다

으로, 신뢰손해의 배상에 그칠 것이 아니다(昭和32年12月5日法律新聞83·84号16頁).

214) 곽윤직, 앞의 책, 287면.

215) 四宮和夫·能見善久, 前揭書, 298頁.

216) 민법 제136조(단독행위와 무권대리) 단독행위에는 그 행위당시에 상대방이 대리인이라 칭하는 자의 대리권 없는 행위에 동의하거나 그 대리권을 다투지 아니한 때에 한하여 전6조의 규정을 준용한다. 대리권 없는 자에 대하여 그 동의를 얻어 단독행위를 한 때에도 같다.

고 하는 것은 타당하지 않다. 이렇게 단독행위의 무권대리는 계약의 무권대리와는 다르므로 민법 제136조는 원칙적으로 민법 제130조 내지 135조의 적용을 배제하였다. 요컨대 단독행위의 무권대리는 절대적으로 무효하다는 것이 원칙이다.

2. 예외

상대방이 있는 단독행위에 있어서는 상대방이 이에 동의하거나 동의로 동일시할 수 있는 사정이 있는 경우가 있다. 예컨대 임대인 A의 무권대리인 B로부터의 해제에 대하여 임차인 C가 이에 동의하여 임대차목적물을 반환하는 등의 경우이다. 이러한 경우에는 절대적으로 무효로 할 필요없이, 계약의 무권대리의 경우와 같이 추인에 의하여 소급적으로 유효하다고 인정하여도 좋다.[217)]

3. 수동대리의 경우

상대방 C의 단독행위를 무권대리인 B가 수령하는 경우에 대하여는, 민법 제136조 후단이 규정하고 있다. 예컨대 본인 A를 위하여 수령할 권한이 없는 B가 상대방 C의 일방적인 의사표시를 수령하였으나, 본인 A에게 효과가 미치지 않아 C가 불이익을 받았다고 하여 B가 무권대리인의 책임을 상대방 C로부터 추급받는 것은 타당하지 않다. 무권대리인 B가 동의하여 상대방의 의사표시를 수령

217) 민법 제136조 전단

한 경우에 한하여 계약과 마찬가지의 효과가 생긴다.

Ⅵ. 무권대리와 상속

1. 서설

무권대리에 의한 계약은 무효이기 때문에 본인이 추인을 거절하면 이 무효가 확정된다.[218] 따라서 본인은 상대방에 대하여 계약을 이행할 의무를 지지 않는다. 그러나 선의·무과실의 상대방은 무권대리인에게 이행 또는 손해배상책임을 추급할 수 있다.[219] 그런데 본인이 무권대리인을 상속하면, 상속인은 피상속인의 포괄적인 권리 및 의무를 승계하므로[220] 선의·무과실의 상대방이 무권대리인의 이행책임을 선택하여 추급하는 경우에는 본인의 자격으로 '이행하지 않아도 된다'고 하는 법률관계와 상속한 무권대리인의 자격으로 '이행하지 않으면 안 된다'고 하는 법률관계가 충돌하게 된다. 이렇게 충돌하는 법률관계의 어느 쪽을 우선시킬 것인지가 무권대리와 상속과 관련된 문제의 핵심을 이루는 부분이다.

이 문제에 관한 학설은 당연유효설 외에는 기본적으로는 본인의 자격(내지는 지위)과 무권대리인의 자격(내지는 지위)의 「병존」을 전제로 하여 이 문제를 해석하고 있다. 이러한 해석 자체는 타당하

218) 민법 제130조.
219) 민법 제135조 2항.
220) 민법 제1005조.

다고 볼 수 있다. 그러나 우리 대법원 판결은 대부분 무권대리인이 본인을 상속한 사안에 관한 것이며, 병존설이 본인과 무권대리인의 자격 중 어느 쪽을 어떠한 이유에서 「우선」시키는가 라고 하는 시점이 희박하고 분석도 충분하지 않다. 본인과 무권대리인의 자격이 「병존」한다는 것만으로는, 본인의 추인거절권의 행사와 선의·무과실의 상대방에 대한 무권대리인의 이행책임을 함께 인정하는 결과가 되어 법률관계가 충돌하게 된다.

「병존」은 무권대리와 상속의 문제 해결에 있어서 출발점에 지나지 않으며, 「병존」하는 자격의 어느 쪽을 우선시키는가 라고 하는 것이야말로 이 문제의 핵심이다. 이하에서는 각종의 사안에 관한 최고재판소 판결 및 학설이 다양하고 세분화되어 있는 일본법을 참고로 하여 이 문제를 고찰해 보고자 한다. 또한 본인이 무권대리인을 상속하는 경우를 본인상속형, 그 반대를 무권대리인상속형, 본인이 사망한 후에 무권대리인이 사망하여 본인과 무권대리인의 쌍방을 상속하는 경우를 쌍방(본인선행)상속형이라고 약기하기로 한다.

2. 우리나라의 판례 및 학설

1) 판례

(1) 무권대리인상속형

1994년의 대법원 판결[221]은 대리권한 없이 타인의 부동산을 매

221) 대법원 1994.9.27. 선고 94다20617 판결.

도한 자가 그 부동산을 상속한 후 소유자의 지위에서 자신의 대리행위가 무권대리로 무효임을 주장하여 등기말소 등을 구하는 것이 금반언의 원칙이나 신의칙상 허용될 수 없는지의 여부에 대하여 다음과 같은 판단을 하고 있다.

즉, B가 대리권 없이 A 소유 부동산을 C와 D에게 매도하고, 다시 C와 D가 각각 E와 F에게 매도하여 부동산소유권이전등기등에 관한특별조치법에 의하여 소유권이전등기를 마친 경우, 「B와 C·D 사이의 매매계약이 A로부터 처분권한을 부여받지 못한 B의 무권대리행위에 기한 것이어서 무효이고, 그 무효인 매매계약에 터잡아 경료된 E·F 명의의 각 소유권이전등기 역시 원인무효의 등기라고 하더라도 A의 무권대리인으로서 각 부동산에 대한 매매계약을 체결한 당사자인 B가 A의 단독 재산상속인이 된 지금에 와서 위 매매계약의 효력을 부인하고 그 매매계약에 터잡아 위 각 부동산에 관하여 소유권이전등기를 경료하고, 이를 점유하는 E·F에게 위 각 소유권이전등기의 말소와 위 각 부동산의 점유로 인한 임료 상당의 부당이득금의 반환을 구하는 것은 금반언의 원칙이나 신의칙에 반하여 허용될 수 없다」고 하여, B는 각 부동산에 대한 소유권이전등기를 이행할 의무가 있다고 할 것이므로, 그러한 지위에 있는 B가 A로부터 각 부동산을 상속받아 그 소유자가 되어 위 소유권이전등기이행의무를 이행하는 것이 가능하게 된 시점에서 자신이 소유자라고 하여 자신으로부터 각 부동산을 전전매수한 E·F에게 원래 자신의 매매행위가 무권대리행위여서 무효였다는 이유로 E·F 앞으로 경료된 각 소유권이전등기가 무효의 등기라고 주장하여 그 등기의 말소를 청구하거나 각 부동산의 점유로 인한 부당이득금의 반환을 구하는 것은 금반언의 원칙이나 신의칙에 반하여 허용될 수 없다는 판단을 하였다.

(2) 본인상속형

1991년의 대법원 판결[222]은 B가 A와 공동상속한 거주가옥의 부지를 B의 대리권 없이 C에게 매도하고 사망한 후 B가 C에게 그 매매대금상당액을 지급하기로 약정한 사안에 대하여, 「A가 C에게 지급키로 한 금원을 약정 기일까지 지급하지 못하면 종전 계약대로 C에게 소유권이전등기를 경료해 주기로 약정하였다고 인정할 만한 자료를 찾아볼 수 없고, 오히려 기록상 이 사건 부동산은 현재 A가 거주중인 가옥의 부지임이 인정되는 점과 A가 지급하기로 한 금원이 B가 매도한 매매대금액과 같은 금액인 점등에 비추어 보면 A가 C에게 금원을 지급하기로 한 것은 그의 아버지인 B의 무권대리행위로 인하여 C가 지급한 매매대금에 해당하는 돈을 A가 반환해주고 B와의 매매계약은 없었던 것으로 하자는 취지에 불과하다고 보여지는 바, 이러한 정도의 금원지급약정을 가지고 A가 B의 무권대리행위를 추인한 것으로 볼 수는 없다」는 판단을 한 바, 본인이 무권대리인을 상속한 경우에 있어서 그 무권대리행위가 당연 유효한 것은 아니라는 입장을 전제로 하고 있다.

222) 대판 1991.7.9, 91다261.

2) 학설

(1) 무권대리인상속형

무권대리행위가 당연히 유효하다는 학설과 상속만으로는 바로 그 행위가 당연히 유효 또는 무효로 되지 않고 무권대리의 본인으로서의 지위가 무권대리인에게 승계된다고 한 다음에 상대방의 주장과의 관계에서 타당한 결론을 도출하려고 하는 학설이 주장되고 있다.

㈎ 당연유효설

상속에 의하여 무권대리인이 본인의 지위를 승계하면 그가 행한 무권대리행위는 당연히 유효하다는 것이 당연유효설이며, 우리나라의 다수설이다. 당연유효설의 주장은 다음과 같다.

① 무권대리인이 본인을 상속한 경우에는 그 무권대리행위는 당연히 유효하게 되고, 본인으로서의 지위에서 추인을 거절하지 못한다고 새기는 것이 타당하다. 왜냐하면 설사 무권대리인이 본인의 승계인으로서 추인을 거절할 수 있다고 하더라도 그 무권대리인은 민법 제135조에 의하여 이행 또는 손해배상의 책임을 져야 하므로 처음부터 대리권 있는 자가 행위를 한 것과 마찬가지로 보는 것이 알기 쉬운 해결이기 때문이다.[223)]

② 무권대리인이 단독으로 본인을 상속하는 경우에는 본인의 지위에 서서 추인을 거절하여 이행의 책임을 면한다는 것은 타당하지 않다. 왜냐하면 무권대리인은 원래 무권대리행위가 유

223) 곽윤직, 앞의 책, 497면.

효하게 성립되기를 원하여 행위한 것이므로 무권대리인이 그러한 행위의 대상이 되었던 목적재산 내지 자력을 취득한 이상 계약을 이행해야 할 지위에 있다고 풀이해야 하기 때문이다[224].

③ 무권대리인이 본인의 법률상 지위를 승계함으로써 두 자격이 융합되는 것으로 보아야 하기 때문에 그 무권대리행위는 당연히 유권대리화 한다고 해석하여야 한다.[225]

④ 무권대리인이 본인을 상속하는 경우 무권대리행위는 완전히 유효하다. 단독행위의 경우 자신이 한 무권대리행위에 대해서 본인의 자격으로 추인을 거절하는 여지를 인정하는 것은 신의칙에 반하기 때문이다.[226]

⑤ 무권대리인이 본인을 상속한 경우에 무권대리인행위를 한 자가 스스로의 행위를 부인하는 것은 신의칙상 허용될 수 없을 것이다.[227]

⑥ 양 자격을 분리행사하여 형식적·이원적으로 파악하여 문제를 복잡하게 만들기보다 본인과 무권대리인의 지위가 혼동되어 하나로 융합된 이상, 이 경우에는 진정 본인 자신이 한 것과 동일한 효과가 발생하는 것으로 보아, 子의 무권대리행위는 무권대리인인 子에 대하여 당연히 완전 유효한 것으로 인정하고 본인인 父와 동일한 책임을 지게 하는 것이 문제를 간

224) 고상룡, 앞의 책, 553면.
225) 김용한, 앞의 책, 368면.
226) 김주수, 앞의 책, 379～380면.
227) 김증한·김학동, 앞의 책, 460면.

단히 해결할 수 있다는 점에서 당연유효설이 타당하다.[228)]

㈏ 병존설

병존설은 무권대리인은 본인으로부터 추인권 및 추인거절권을 승계하지만 신의칙상 추인거절은 할 수 없으며, 무권대리인으로서의 이행 또는 손해배상책임이 병존한다는 것이다. 병존설의 주장은 다음과 같다.

① 무권대리인의 지위와 본인의 지위는 혼동되지 않고 각각 분리되어 병존한다고 이해하는 것이 타당하다. 다만 무권대리인이 본인을 상속한 경우 본인의 자격에서 추인을 거절하는 것이 신의칙에 반하는 경우도 있을 것이다. 이러한 경우에는 추인거절의 항변은 허용되지 않는다고 할 것이다. 이 경우에는 본인의 지위가 혼동으로 인하여 소멸되었기 때문이 아니라 본인의 지위를 주장하는 것이 권리남용으로 되기 때문이다.[229)]

② 무권대리인은 신의칙상 추인을 거절할 수 없을 뿐만 아니라 상대방에게 철회권을 행사할 기회를 부여하며, 상대방이 선의 · 무과실인 경우에는 그의 선택에 따라 본인에 대하여 이행 또는 손해배상을 청구할 수 있다.[230)]

③ 당연유효설을 취하면 상대방의 철회권과 손해배상청구권이 박탈된다는 불이익이 있으나 병존설의 경우에는 이러한 문제

---

228) 장경학, 앞의 책, 610면.
229) 이영준, 앞의 책, 620～621면.
230) 김증한 · 주재황 편, 주석 민법총칙(下), 한국사법행정학회, 1980, 444면; 우상규, 민법총칙, 육법사, 2002, 632면.

점이 없으며, 또한 단독상속이나 공동상속의 경우, 무권대리인이 무권대리행위의 목적물을 취득한 경우 등에 있어서도 통일된 논리를 적용할 수 있다.[231]

공동상속의 경우에는 단독상속의 경우와 달리, 당연유효설을 취하는 견해는 보이지 않는다. 공동상속의 경우에도 당연유효설을 취하면 다른 공동상속인의 추인거절권을 박탈하는 결과가 되기 때문이다.[232] 병존설의 입장에서 공동상속의 경우를 살펴보면, 본인이 갖는 추인권 및 추인거절권은 무권대리인을 포함한 공동상속인에게 공유적으로 귀속되고, 이러한 권리는 형성권으로 준공동소유의 관계[233]에 있으므로 무권대리인과 다른 공동상속인은 공동으로 본인으로서의 추인권 및 추인거절권을 갖게 된다.[234]

따라서 상대방은 무권대리인과 다른 공동상속인의 추인이 없을 때는 철회권을 행사하거나 무권대리인에 대한 이행 또는 손해배상의 책임을 추급할 수 있게 된다. 그런데 무권대리인이 다른 공동상속인과 공동으로 추인 내지 추인거절권을 분할되지 않고 승계·취득한 경우, 이러한 권리의 행사에 관하여 무권대리인과 다른 공동상속인은 공동으로만 이를 행사할 수 있는가 아니면 각자가 이를 단독으로 행사할 수 있는지의 문제가 있다. 이 경우 추인행위는 미확정의 무효를 유효화한다고 하는 처분적 효과를 발생시키는 행위

231) 이영준, 앞의 책, 620면; 김증한·주재황, 앞의 책, 444면.

232) 고상룡, 앞의 책, 554면; 제철웅, "상속이 무권대리 또는 무권리자의 처분행위에 미치는 효력", 일헌최병욱교수정년기념 현대민사법연구, 법문사, 2002, 34~35면.

233) 민법 제278조.

234) 김증한·주재황 편, 앞의 책, 445면.

이므로 전원의 동의가 필요하다. 그러나 추인거절은 미확정의 무효를 확정적인 무효로 하는 현상유지적 행위라 할 것이므로 보존행위로서 각자가 단독으로 할 수 있다고 해석할 수 있다.[235)]

(2) 본인상속형

㈎ 당연유효설

당연유효설은 본인의 상속에 의하여 피상속인의 무권대리행위가 당연히 유효하게 된다고 본다.[236)] 즉 무권대리인의 사망에 의하여 무권대리인으로서의 지위를 갖게 된 상속인이 본인으로서의 지위에서 추인을 거절한다 하더라도 신의칙에 반한다고는 할 수 없지만, 무권대리인의 책임으로 상속하므로 그 무권대리행위는 유효하게 되고 추인을 거절할 수 없다고 보는 것이 타당하다는 것이다.[237)]

당연유효설에 대해서는 ① 당연유효설은 공동상속의 경우를 고려하고 있지 않고,[238)] ② 무권대리인이 본인을 상속하는 경우에는 그 무권대리행위가 무권대리인 자신에 의한 것이지만 본인이 무권대리인을 상속하는 경우에는 그 무권대리행위는 타인이 한 것이므로 두 경우에 아무런 차이를 두지 않고 본인의 권리를 부당하게 박탈하는 것은 상속인에게 가혹하다[239)]는 비판이 있다.

---

235) 장경학, "무권대리와 상속", 월간고시, 1982.6, 146~147면.
236) 곽윤직, 앞의 책, 285면.
237) 김용한, 앞의 책, 368면.
238) 김증한·주재황, 앞의 책, 446면.
239) 고상룡, "무권대리와 상속", 월간고시 1983.1, 34~35면.

㈏ 병존설

병존설은 본인으로서의 권리와 무권대리인으로서의 의무의 병존을 인정하는 견해이다.[240] 즉 본인이 무권대리인을 상속한 경우 상속인인 본인이 피상속인의 무권대리행위의 추인을 거절하더라고 신의칙에 반하지 않으므로 무권대리행위는 당연히 유효한 것으로 되지 않는다는 것이다. 그러나 이 경우 상속인은 본인으로서의 추인권 및 추인거절권을 갖는 것과 동시에 추인을 거절하면 지게 될 이행 또는 손해배상책임의 의무를 승계한다.[241] 특히 공동상속의 경우에 있어서 공동상속인의 한 명에 지나지 않는 본인이 추인을 거절하더라도 이로 인하여 무권대리인인 피상속인이 지는 이행 또는 손해배상책임의 의무에는 영향을 주지 않는다고 한다.[242] 병존설은 본인이 무권대리인을 상속한 경우에도 무권대리인이 본인을 상속하는 경우와 같이 양자의 지위는 혼동되지 않고 각각 분리되어 병존한다고 이해하는 것이 타당하다고 주장한다.[243]

병존설을 취하면서도 본인의 추인거절권을 특정물이전채무에 한정해서 인정하자는 견해가 있는데, 이 견해는 어떠한 경우에도 무권대리인의 책임의 승계를 인정한다면 추인거절에 의한 본인보호라는 이익을 박탈하는 결과가 되므로 이행의무가 특정물의 이전을 목적으로 하는 경우 추인을 거절할 수 있으나 불특정물 또는 금전채무의 경우에는 상속인은 추인을 거절할 수 없다고 본다.[244]

---

240) 김주수, 앞의 책, 380면.
241) 김민중, 앞의 책, 634～635면.
242) 장경학, 앞의 책, 611～612면.
243) 이영준, 앞의 책, 620면.
244) 고상룡, 앞의 책, 605～607면.

3. 일본의 판례 및 학설

1) 판례

(1) 무권대리인상속형

㈎ 무권대리인단독상속형

① 大判昭和2(1927)年3月22日民集6巻106頁

A의 子 B는 A의 대리인을 사칭하여 C1과 계약을 체결하고, A 소유의 토지에 근저당권을 설정하여 등기하였다. 또한 B는 C2를 채권자로 하는 A의 차용증서를 위조하여, 마찬가지로 C2를 위하여 A의 토지건물에 저당권을 설정하여 등기하였다. C2는 D에게 이 채권・저당권을 양도하고 등기도 경료하였다. 그 후 A는 추인도 추인거절도 하지 않은 채로 사망하여 B가 가독상속하였다. A의 채권자가 B를 대위하여 C1・D에 대하여 채권・저당권의 무효확인과 각 근저당권의 설정등기・이전등기의 말소를 청구하였다. 원심은 이를 인용하였고, 이에 C1・D가 상고하였다.

大審院은「무권대리인이 본인을 상속하여 본인과 대리인의 자격이 동일인에게 귀속하는 이상 본인이 스스로 법률행위를 한 것과 같은 법률상의 지위가 생긴다고 해석함이 상당하다」고 하여 파기환송하였다. 그 이유로는「무권대리인이 본인의 법률상의 지위를 상속에 의하여 승계한 결과, 본인이 스스로 법률행위를 한 것과 같은 법률상의 지위를 발생시킨다」는 점을 들고 있다.

② 大判昭和9(1934)年9月10日民集13巻1999頁

A 소유의 부동산을 양자 B1이 무권대리에 의하여 C에게 매각(당시 A는 정신착란상태)하였고, B1은 위임장을 위조하여 B2를 A의 대리인으로서 등기를 C에게 이전하였다. A는 추인도 추인거절도 하지 않은 채 사망하였고, B1이 가독상속하였다. 그 후 B1은 파산선고를 받아 파산관재인이 C에게 등기의 말소를 청구하였다. 원심에서 패소한 파산관재인이 상고, 大審院은 위 大判昭和2年3月22日民集6巻106頁 판결을 인용하여 이를 기각하였다.

③ 大判昭和10(1935)年8月8日新聞388号12頁

A 소유의 부동산을 B가 무권대리에 의하여, 또 스스로를 매도인으로 하여 C에게 매각(원심은 C의 주장에 기하여 하나의 매매를 이면적으로 인정하고, 이러한 계약은 사실상 불가능하지 않고, 금지규정도 없으므로 무효로 해석해야 할 특단의 이유가 없다고 하였다). A는 추인도 추인거절도 하지 않은 채 사망, B가 가독상속하였고, C가 B에게 소유권이전등기를 청구하였다. 원심은 C의 청구를 인용하였고, 大審院은 위 大判昭和2年3月22日民集6巻106頁 판결을 인용하여 상고를 기각하였다.

④ 大判昭和13(1938)年11月16日民集17巻2216頁

미성년자 A는 가동상속에 의하여 D에 대한 두 채권(E가 연대보증인)을 상속하였고, A의 毋의 남편으로 법정대리인 B가(친족협의에 의하여 A가 가독상속한 재산의 전부를 B에게 증여하기로 하였기 때문에) 이를 B 자신에게 양도하였다. B는 D와 이 두 채권을 하나로 하는 준소비대차를 하였고, E가 연대보증하였다. A가 은거하고 B가 가독상속하여, B는 E에 대하여 연대보증채무의 이행을 청구하였다. 원심은 A의 B에 대하여 채권양도는 이익상반행위에 있어서 무권대리행위이나, B의 가독상속에 의하여 당해 양도는 행위능력자가 행한 것과 같은 법률상의 지위가 생겼을 뿐만 아니라 B는 무권대리에 대한 추인권도 승계하였으므로 채권양도는 유효하다고 하여 B의 청구를 인용하였고, 大審院은 E의 상고를 기각하였다.

⑤ 最判昭和40(1965)年6月18日民集19巻4号986頁

B는 父 A가 소유하는 토지를 담보로 융자를 받을 것을 무권대리로 C에게 의뢰하여 필요서류를 교부하였다. C는 이것을 이용하여 토지를 D에게 매각하여 등기를 이전하였다. A의 사망 후 다른 공동상속인 전원의 상속포기에 의하여 B가 단독상속하였고, B가 D에 대하여 등기의 말소를 청구하였다. 원심은 상속에 의하여 B는 대리권을 가진 것과 동일시된다고 하여, C의 권한을 넘은 매각은 표현대리가 되어 B는 매매의 효력을 다투지 않는다고 하여 B의 청구를 기각하였다. 이에 B가 상고하였고, 最高裁判所는 大判昭和2年3月22日民集6巻106頁 판결을 인용하여 이를 기각하였다.

㈏ 무권대리인공동상속형

① 最判平成5(1993)年1月21日民集47巻1号265頁

채권자 C를 위하여 B가 무권대리에 의하여 父 A를 연대보증인으로 하는 계약을 체결하였고, A가 사망한 후 B가 母와 함께 공동상속하였다. C의 채권양수인 D가 B에 대하여 연대보증채무의 2분의 1에 대해서는 상속에 의한 연대보증채무의 유효한 성립을 이유로 지급을 구하였고, 나머지 2분의 1에 대해서는 일본 민법 제117조의 무권대리인의 책임을 이유로 지급을 청구하였다.

원심은 면책사유(C의 과실)를 인정하고 일본 민법 제117조의 무권대리인의 책임에 대한 청구를 기각하였으나, 상속에 의한 연대보증채무에 대해서는 청구를 인용하였다. 이에 B가 상고하였고, 最高裁判所는 「무권대리인이 본인을 다른 상속인과 함께 공동상속한 경우에 있어서 무권대리행위를 추인하는 권리는 그 성질상 상속인 전원에게 불가분적으로 귀속하는 바, 무권대리행위의 추인은 본인에 대하여 유효하게 발생하지 않은 법률행위를 본인에 대한 관계에서 유효한 것이라고 하는 효과를 발생시키는 것이므로 공동상속인 전원이 공동으로 이를 행사하지 않는 한 무권대리행위가 유효하게 되는 것은 아니라고 해석해야 한다.

그러면 다른 공동상속인 전원이 무권대리행위의 추인을 한 경우에 무권대리인이 추인을 거절하는 것은 신의칙상 허용되지 않는다고 하여도 다른 공동상속인 전원의 추인이 없는 한 무권대리행위는 무권대리인의 상속분에 상당하는 부분에 있어서도 당연 유효한 것으로는 되지 않는다. 그리고 이는 무권대리행위가 금전채무의 연대보증계약에 대하여 행한 경우에도 마찬가지이다」라고 하였다.

② 最判平成5(1993)年1月21日金判920号3頁[245)]

A 소유의 부동산 甲을 B가 무권대리에 의하여 C에게 양도담보

245) 最判平成5年1月21日民集47巻1号265頁과 같은 第一小法廷 판결이다.

로 제공하여 C 명의로 소유권이 이전되었고, C가 D에게 근저당권을 설정하여 등기하였다. A가 D에 대하여 등기말소를 구하는 소송을 하던 중 B가 A를 공동으로 상속하여 소송을 승계하였다. 원심은 B의 청구를 인용하였다. 이에 D가 상고하여 「무권대리인이 공동상속인의 1인인 경우에는, 무권대리인의 지분 범위에서 본인이 스스로 법률행위를 한 것과 같은 법률상의 지위가 발생한다고 해석해야 한다」고 주장하였고, 最高裁判所는 이를 기각하였다.

(2) 본인상속형

㈎ 본인단독상속형

① 最判昭和37(1962)年4月20日民集16巻4号955頁

A 소유의 부동산을 A가 징병되어 부재중이던 동안 父 B가 무권대리에 의하여 C에게 매각하였다. C는 일차적 청구원인으로서 일본 민법 제117조[246]의 이행책임, 예비적 청구원인으로서 A의 추인도 추인거절도 없는 채로 A가 B를 상속한 것에 의하여 매매계약은 유효하게 되었다고 주장하였다. 원심은 예비적 청구원인을 인정하였고, 이에 A가 상고하였다. 最高裁判所는 「무권대리인이 본인을 상속한 경우에 있어서는, 스스로 한 무권대리행위에 대하여 본인의 자격에 있어서 추인을 거절할 여지를 인정하는 것은 신의칙에 반하므로 위 무권대리행위는 상속과 함께 당연 유효하다고 해석하는 것이 상당하지만, 본인이 무권대리인을 상속한 경우에는 … 상속인인

246) 타인의 대리인으로서 계약을 한 자는, 자기의 대리권을 증명하지 못하고 또 본인의 추인을 얻지 못한 때에는 상대방의 선택에 따라, 상대방에 대하여 이행 또는 손해배상의 책임을 진다.

본인이 피상속인의 무권대리행위의 추인을 거절하여도 어떠한 신의에도 반하지 않으므로 피상속인의 무권대리행위는 일반적으로 본인의 상속에 의하여 당연 유효한 것은 아니라고 해석하는 것이 상당하다」고 하여 파기환송하였다.

㈏ 본인공동상속형

① 最判昭和48(1973)年7月3日民集27巻7号751頁

채권자 C의 D에 대한 채권을 위하여, B가 A를 무권대리하여 연대보증계약을 체결하였고, 그 후 B가 사망하여 A가 공동상속하였다. 선의·무과실의 C는 A에게 일본 민법 제117조의 이행을 청구하였다. 원심은 C의 청구를 인용하였고, 이에 A가 상고하였다.

最高裁判所는 「일본 민법 제117조에 의한 무권대리인의 채무가 상속의 대상으로 되는 것은 명백하고, 이는 본인인 무권대리인을 상속한 경우에도 다르지 않으므로 본인은 상속에 의하여 무권대리인의 채무를 승계하며, 본인으로서 무권대리행위의 추인을 거절할 수 있는 지위에 있다고 하여 위 채무를 면할 수 없다고 해석해야 한다. 더욱이 무권대리인을 상속한 공동상속인 중의 한 명이 본인이라고 하여 본인 이외의 상속인이 무권대리인의 채무를 상속하지 않는다거나 채무를 면할 수 있다」고 해석할 이유는 없으며, 最判37年4月20日民集16巻4号955頁 판결은 「본인이 무권대리인을 상속한 경우, 무권대리행위가 당연 유효하지 않다고 판시한 것에 그치고 있어 무권대리인이 일본 민법 제117조에 의하여 상대방에게 채무를 부담하고 있는 경우에 있어서의 무권대리인을 상속한 본인의 책임과 충돌하는 것은 아니므로 전기 판시는 위의 판례와 저촉하는 것은 아니다」라고 하여 상고를 기각하였다.

(3) 쌍방상속형

① 大判昭和17(1932)年2月25日民集2卷164頁

A의 사망 후 A의 상속재산관리인 B가 상속재산의 일부인 부동산의 등기를 경료한(단 무효) C와의 사이에서 권한을 넘어(무권대리) C의 소유권을 인정한다는 화해를 하였다. 그 후 D가 B의 가독상속인에게 선정되고 이어 은거한 A의 가독상속인에게 선정되었다. D는 C에 대하여 등기의 말소를 청구하였고, 원심은 청구를 기각하였다. 이에 D는 상고하였고, 大審院은 「이러한 경우에 있어서는 상대방에 대하여 무권대리행위의 추인을 해야 하며, 이제 와서 추인을 거절하여 대리행위의 효과를 자기에게 귀속시키는 것을 회피하는 것은 신의칙상 허용되지 않는다」고 하여 상고를 기각하였다.

② 最判昭和63(1988)年3月1日判時1312号92頁

夫 A 소유의 농지를 妻 B가 무권대리에 의하여 C에게 매각하였고, C는 E에게 매수인의 지위를 양도하였다. 후에 농지법상의 허가를 얻어 E는 등기를 경료하였다. 그 후 B에 이어 A가 사망하여, A와 B의 子 D가 공동상속하였다. D는 E에 대하여 무권대리에 의하여 무효를 주장하였고, 공유지분권에 기하여 소유권이전등기등의 말소를 청구하였다. 원심은 D의 청구를 인용하였다.

最高裁判所는 「무권대리인을 본인과 함께 상속한 자가 그 후 다시 본인을 상속한 경우에 있어서는 당해 상속인은 본인의 자격으로 무권대리행위의 추인을 거절할 여지가 없고, 본인이 스스로 법률행위를 한 것과 같은 법률상의 지위 내지 효과를 발생시킨다고 해석해야 한다. 이는 신의칙의 견지에서 보아도 시인해야 하는 바, 무권대리인을 상속한 자는 무권대리인의 법률상의 지위를 포괄적으로 승계하므로 일단 무권대리인을 상속한 자가 그 후 본인을 상속한 경우에 있어서도 이는 마찬가지로 해석해야 하므로 스스로 무권대리행위를 하지 않았다고 하여 이를 다르게 해석해야 할 근거는 없다. 또한 무권대리인을 상속한 자가 본인과 본인 이외의 자였던 경우에 있어서도 본인 이외의 상속인은 공동상속이라고는 해도 무권대리인의 지위를 포괄적으로 승계하고 있다는 것에는 변함이 없으므로, 그 후 본인의 사망에 의하여 무권대리인의 지위를 전면적으로 승계하는 결과로 된 이상은 설령 동시에 본인의 지위를 승계하였다고 하여도 이미 본인의 자격에서 추인을 거절할 여지는 없고, 전기의 경우와 마찬가지로 본인이 스스로 법률행위를 한 것과 같은 법률상의 지위 내지 효과를 발생시킨다고 해석하는 것이 상당하기 때문이다」라고 하여 상고를 파기환송하였다.

③ 最判平成10(1998)年7月17日民集52巻5号1296頁

의사능력을 상실한 A 소유의 부동산에 A의 子 B가 무권대리에 의하여 채권자 C를 위하여 저당권을 설정하고 등기를 경료하였다. B의 사망 후 B의 妻 D1과 子 D2가 한정승인하였고, 이어 A가 금치산선고를 받아 D1이 후견인에 취임하였다. D1은 A의 법정대리인으로서 C에 대하여 저당권의 등기말소를 청구하였다(추인거절). 一審係屬中에 A가 사망하였고, D2가 대습상속에 의하여 본건 부동산을 취득하여 소송을 승계하였고, 원심은 청구를 기각하였다.

最高裁判所는 「본인이 무권대리행위의 추인을 거절한 경우에는 그 후에 무권대리인이 본인을 상속하였다고 하여도 무권대리행위가 유효하게 되는 것은 아니라고 해석하는 것이 상당하다. 생각건대 무권대리인이 한 행위는 본인이 그 추인을 하지 않으면 본인에 대하여 그 효력을 발생시키지 않고(일본 민법 제113조 1항[247]), 본인이 추인을 거절하면 무권대리행위의 효력이 본인에게 비치지 않는다는 것이 확정되고, 추인거절 후에는 본인이어도 추인에 의하여 무권대리행위를 유효화 할 수 없고, 위 추인거절 후에 무권대리인이 본인을 상속하였다고 하여도 위 추인거절의 효과에 어떠한 영향을 미치지는 것이 아니기 때문이다. 이렇게 해석하면 본인이 추인거절을 한 후에 무권대리인이 본인을 상속한 경우와 본인이 추인거절을 하기 전에 무권대리인이 본인을 상속한 경우에 법률효과의 차이가 발생하는 것은 부득이하고, 상속한 무권대리인이 본인의 추인거절의 효과를 주장하는 것이 그 자체로 신의칙에 반하는 것이라고는 할 수 없다」고 하였다.

2) 학설

(1) 무권대리인상속형

㈎ 당연유효설

당연유효설은 무권대리인이 본인을 상속한 결과 무권대리행위는 당연히 유효한 것으로 된다는 견해로 다음과 같이 분류할 수 있다.

247) 대리권 없는 자가 타인의 대리인으로 한 계약은, 본인이 이를 추인하지 아니하면 본인에 대하여 그 효력이 발생하지 않는다.

① 인격승계설

인격승계설은 상속은 인격 즉 법률상의 지위의 승계이므로 무권대리인이 본인을 상속하면 양자가 법률상 동일인이 되어 당해 무권대리행위는 당연히 유효하다는 견해이다.[248)]

인격승계설에 대해서는 ① 무권대리행위가 당연히 유효하다고 해석하면 무권대리인이 행위무능력자인 경우에는 무권대리인으로서 책임을 지지 않음에도 불구하고 무권대리행위를 취소할 수 없게 되고, ② 유언집행자가 있거나 무권대리인이 공동상속인 중 한 명에 지나지 않는 경우 등과 같이 상속재산에 관리처분권을 갖지 않는 경우에도 무권대리행위를 하였다는 것만으로 확정적으로 유효하게 되는 것은 부당한 결과가 된다는 비판이 있다.[249)]

② 자격융합설

상속에 의하여 본인으로서의 자격과 무권대리인으로서의 자격이 동일인에게 융합하여 본인과 무권대리인은 타인의 관계가 아니게 되므로 대리권의 매개를 요하지 않고 당연히 법률행위의 효과가 그 동일 인격에게 귀속한다고 하는 견해이다.[250)] 즉 무권대리에서는 대리권이 없으므로 그 법률효과는 본인에게 귀속할 수 없는 유동적인 상태이지만, 무권대리인이 본인을 상속하면 본인으로서의 자격과 무권대리인으로서의 자격이 동일인에게 융합한다는 것이다.

자격융합설에 대하여는 인격승계설에 대한 것과 같은 비판, 즉

---

248) 穂積重遠, "判例批評", 判例民事法, 1927, 88頁.

249) 水辺芳郎, "無権代理と相続", 内山尚三・黒木三朗・石川利夫先生還暦記念 現代民法学の基本問題(下」, 第一法規出版, 1983, 421頁.

250) 四宮和夫, "判例批評" 判例民事法 1942, 46頁.

무권대리인이 행위무능력자인 경우에도 무권대리행위를 취소할 수 없게 된다는 점과 상속재산에 관리처분권을 갖지 않는 경우에도 무권대리행위를 하였다는 것만으로 확정적으로 유효하게 되어 부당하다는 점이 지적되고 있다.[251)]

③ 대리권추완설

대리권추완설은 무권대리인이 상속에 의하여 본인의 처분권을 취득하면 대리권의 결함이 추완된다고 하는 견해이다.[252)] 대리권추완설에 의하면, 무권대리행위는 대리권만 부착된다면 유권대리로 될 수 있는 행위이므로 행위 후에 어떠한 사유에 의하여 대리권이 부여되면 행위는 당초부터 유효한 것으로 된다. 예컨대 무권대리인이 본인을 상속하여 목적물에 대한 본인의 처분권을 취득한 경우에는 대리권의 결함이 추완된다. 즉 상속에 의하여 그 무권대리행위는 추완되어 본인에 대하여 유효하게 된다는 것이다. 대리권추완설에 의하면, 무권대리인이 무능력자이거나 상속재산에 대하여 관리처분권이 없는 경우에는 능력자로 되거나 유언의 집행이 종료하거나 또는 특별한 수권(授權)은 얻은 때에 추완된다. 또한 다른 공동상속인에게 추완거절권을 행사할 수 있는 기회를 남기게 된다.

대리권추완설에 대하여는 ① B가 대리권 없이 A의 부동산을 C에게 양도한 경우, 나중에 A가 B에게 당해 부동산을 증여하였다면 B는 당해 부동산의 처분권을 취득하므로 A의 추인을 기다리는 일 없이 B의 무권대리행위는 치유되어 당연히 유효하다고 하는 불합

251) 水辺芳郎, 前揭論文, 423頁.
252) 於保不二雄, “無權代理人が본인を相續したる場合と無權代理행위の主張”, 民商法雜誌, 1卷 4号, 157~158頁.

리한 결과가 되고[253], ② 본인이 상속인인 경우에 추완의 효력이 발생하게 되어 본인으로서의 지위를 무시하게 된다[254]는 비판이 있다.

④ 신의칙유효설

신의칙유효설은 본인을 상속한 무권대리인이 본인의 자격에서 추인을 거절하는 것은 신의칙에 반하므로 무권대리행위는 상속과 동시에 유효하게 된다는 견해이다.[255] 즉 무권대리인이 본인을 상속하여 그 추인권을 승계・취득하여 그 행위를 추인하고 확정적으로 유효하게 할 수 있는 지위에 있는 경우에 무권대리인이 그 행위를 거절할 수 있다고 한다면, 실질적으로는 무권대리인으로 하여금 자기가 원해서 한 법률행위의 효력 발생을 저지할 수 있다는 것을 인정하게 되어 사적 자치의 정신과 신의칙에 반하므로, 이러한 경우에는 추인을 기다리지 않고 무권대리행위가 추완되어 당연히 유효한 것으로 확정되는 것이라고 하지 않으면 안 된다는 것이다.

신의칙유효설은 신의칙을 원용하는 것이므로 구체적으로 타당한 결론을 유연하게 선택할 수 있다는 장점이 있다. 예컨대 공동상속의 경우, 본인이 무권대리인을 상속한 경우에 있어서의 법적 구성이 이익형량적으로 적절할 수 있다고 하거나, 또는 무권대리인이 본인을 상속한 경우에 있어서 추인거절권의 행사를 부정하는 논리로서는 적절한 이론이다.

253) 杉之原舜一, “無權代理行爲と代理人の相續” 民商法雜誌 9卷 5号, 875頁.
254) 四宮和夫, 前揭論文, 46頁.
255) 杉之原舜一, 前揭論文, 875頁.

신의칙유효설에 대하여는 ① 무권대리행위가 상속과 동시에 당연히 유효하다고 하는 결론을 도출하기에는 논리적인 비약이 있고, 무권대리행위가 당연히 유효하다고 구성하고 있으므로 논리적으로는 신의칙 원용의 여지조차 있을 수 없는 것은 아닌가 하는 의문이 생기며[256], ② 사정에 따라서는 본인의 추인거절이 상대방에게 있어서 반드시 불이익한 것이라고는 볼 수 없다[257]는 비판이 있다.

㈏ 비당연유효설

비당연유효설은 상속 자체에 의해서는 무권대리행위는 당연히 유효 또는 무효로 되지 않고, 무권대리의 본인으로서의 지위가 무권대리인에게 승계된다고 한 다음에 상대방의 주장과의 관련에서 타당한 결론을 도출하고자 하는 견해로서 그 논거는 다음과 같다.[258]

- 상속에 의하여 무권대리행위는 당연히 유효가 된다고 해석하지 않는 것은 공동상속이 주를 이루고 있는 현행법에 있어서 타당하다.
- 무권대리행위가 당연유효로 되지 않는 다는 해석은 상대방에게 취소권(철회권)과 손해배상청구권을 남긴다.
- 신의칙유효설이나 대리권추완설과 같은 논리적인 비약이 없어 법률구성이 원만하게 된다.
- 상속에 의하여 양 당사자의 특별한 이득이나 불이익이 생기는

256) 水辺芳郎, 前揭論文, 423頁.
257) 四宮和夫, 前揭論文, 46頁.
258) 谷口知平, "본인が無權代理人を相續した場合における無權代理행위の効力", 民商法雜誌 47卷 6号, 108頁.

결과는 발생시키지 않는다.

· 무권대리인이 본인을 상속한 경우, 본인이 무권대리인을 상속한 경우의 양자에 있어서, 공통적인 논리구성이 가능하게 된다.

비당연유효설은 공동상속인 전원에 의한 추인이나 무권대리인의 추인에 대한 동의가 얻어지지 못한 경우, 또는 유산분할의 결과 무권대리인인 상속인이 목적재산을 단독으로 취득하지 못한 경우에는 무권대리행위를 한 상속인은 무권대리인으로서의 책임을 지게 된다는 점에서는 일치한다. 그러나 공동상속하에서도 다른 공동상속인이 상속포기에 의하여 결과적으로 무권대리인인 상속인만이 단독으로 상속하게 되는 경우 또는 공동상속인 전원에 의한 추인의 유무에도 불구하고 무권대리인이 유산분할의 결과 단독으로 목적재산을 취득한 경우에 대해서는 다음과 같이 견해가 나뉘어지고 있다.

① 당연유효병용설

당연유효병용설은 공동상속하에서도 다른 공동상속인이 상속포기에 의하여 결과적으로 무권대리인인 상속인만이 단독으로 상속하게 되는 경우 또는 공동상속인 전원에 의한 추인의 유무에도 불구하고 무권대리인이 유산분할의 결과 단독으로 목적재산을 취득한 경우에는 인격승계설을 기초로 신의칙유효설을 가미하여 무권대리행위는 당연히 유효하게 된다는 견해이다.[259)]

---

259) 高野竹三郎, "無權代理と相續", 民法の爭点 [1], 有斐閣, 1985, 236頁.

② 신의칙병용설

신의칙병용설은 공동상속하에서도 다른 공동상속인이 상속포기에 의하여 결과적으로 무권대리인인 상속인만이 단독으로 상속하게 되는 경우 또는 공동상속인 전원에 의한 추인의 유무에도 불구하고 무권대리인이 유산분할의 결과 단독으로 목적재산을 취득한 경우에도, 무권대리행위는 본인의 추인이 없는 동안에는 유효하게 확정하지 않지만, 신의칙에 의하여 무권대리인이 본인으로부터 승계한 추인거절권을 행사하는 것을 부정한다는 견해이다.[260)]

③ 적극적비당연유효설

적극적비당연유효설은 공동상속하에서도 다른 공동상속인이 상속포기에 의하여 결과적으로 무권대리인인 상속인만이 단독으로 상속하게 되는 경우 또는 공동상속인 전원에 의한 추인의 유무에도 불구하고 무권대리인이 유산분할의 결과 단독으로 목적재산을 취득한 경우에도 공동상속한 경우와 공통의 법리에 따라 무권대리인은 추인권 및 추인거절권 모두를 행사할 수 있다는 견해이다.[261)]

(2) 본인상속형

㈎ 한정적유효설

한정적유효설은 상대방이 악의・유과실인 경우에는 무권대리인은 그 책임을 지지 않으므로 이것이 본인에게 상속되지도 않지만,

---

260) 長尾治助, "無權代理人が處分目的物を取得した場合の法律關係", 判例タイムズ 208号, 20頁.

261) 金山正信, "無權代理と相續", 民事硏修 194号, 41～42頁.

상대방이 선의·무과실인 경우에는 본인이 그의 지위를 상속하므로 당해 무권대리행위는 당연 유효하다고 하여 한정적으로 당연유효를 주장하는 견해이다. 무권대리인 상속형에 있어서의 당연유효설과 공통적인 생각에서 출발한 것으로, 본인상속형의 경우에는 당연유효로 되는 경우가 한정된다고 한다.[262)]

㈏ 책임승계설

책임승계설은 본인이 무권대리인을 상속한 경우에는 본인은 여전히 추인권 및 추인거절권을 잃지 않으나, 추인을 거절한 경우에는 상속의 효과로서 피상속인인 무권대리인이 상대방에 대하여 부담하고 있는 무권대리인으로서의 책임을 승계한 것으로서 본인은 그 책임을 피하지 못한다는 견해이다.[263)]

㈐ 책임비승계설

책임비승계설은 책임승계설에 의하면 본인은 그의 자격으로 추인거절을 하여도 결국 무권대리인의 상속인으로서 그 책임을 지지 않으면 안 되게 되어 본인에게 추인거절권을 인정하여 본인의 보호를 꾀하는 의미가 없어지므로 무권대리인으로서의 책임은 상속인인 본인에게 승계되지 않고, 이와 같이 해석하면 상속인은 본인이면서 무권대리행위자는 아니게 되므로 신의칙에 반하는 일도 없다고 주장하는 견해이다.[264)]

262) 川添利起, "判例批評", 法曹時報 14巻 6号, 112頁.
263) 金山正信, 前掲論文, 46頁; 谷口知平, 前掲論文, 790頁; 長尾治助, 前掲論文, 20頁.
264) 中川善之助・泉久雄, 相續法, 有斐閣, 1974, 170頁.

(3) 쌍방상속형

무권대리인이 본인을 상속하는 경우와 본인이 무권대리인을 상속하는 경우 이외에 제3자가 본인과 무권대리인을 동시 또는 순차적으로 상속한 경우가 있을 수 있다. 단순히 무권대리인을 먼저 상속한 후에 본인을 상속한 경우에는 무권대리인 상속형의 경우와 같이, 본인을 먼저 상속한 후에 무권대리인을 상속한 경우에는 본인 상속형의 경우와 같이 판단하면 되는 것인가. 最判平成10年7月17日民集52卷5号1296頁 판결을, 먼저 본인을 상속한 후에 무권대리인을 상속한 경우에 대입하여 보면, 본인이 무권대리인을 상속한 경우와 같은 유형의 사안으로 처리하면, 상속인은 추인을 거절할 수 있다.

이에 관해서는 다음과 같은 비판이 있다.

① 무권대리인에 의한 추인거절이 신의칙에 반하는 것은 추인거절권자가 스스로의 선행행위와 모순되는 행위를 하기 때문으로, 무권대리인이 추인거절을 하는 경우 이외의 경우에는 무권대리인을 상속한 자가 본인이든 제3자이든 신의칙에 반하는 것으로는 되지 않는다.

② 무권대리인으로서의 지위의 상속과 본인으로서의 지위의 상속의 선후라고 하는 우연적인 상정에 의하여 추인거절의 여부가 변한다고 하는 불합리한 결론을 도출하게 된다는 비판이 있다.[265]

---

265) 萩本修, "無權代理と相續", 月刊民事法情報 107号, 61～62頁.

4. 소결

1) 종래의 학설

당연무효설은 무권대리인이 본인을 단독으로 상속하는 경우나 가독상속이 주를 이루던 때에는 별 거부감 없이 받아들여졌다. 그러나 공동상속이 주를 이루는 오늘날에 있어서는 다른 공동상속인과의 관계에서 추인거절권을 행사할 여지를 주지 않는다는 점에서 다른 공동상속인의 이익을 부당하게 침해한다는 결과가 되어 부당하다. 또한 상대방이 악의·유과실인 경우에까지 무권대리인에게 책임을 지우고, 무권대리의 상대방에게 철회권 및 손해배상책임을 추급할 여지를 주지 않는다는 문제점을 갖고 있다.[266)]

본인으로서의 자격과 무권대리인으로서의 자격이 병존한다고 하여도 본인이자 무권대리인이 추인을 거절하는 경우 상대방은 민법 제135조의 무권대리인의 책임을 추급하여 이행청구 등을 할 수 있다. 이러한 경우 무권대리인은 이행의무를 부담하여야 하며, 상대방에게는 권리 이전의 효과가 생기기 때문에 결국 본인으로서 효과귀속을 받는 것과 실질적으로 동일한 결과가 된다.

2) 신의칙설과 자격병존관철설

최근의 일본의 논의를 보면, 무권대리와 상속의 문제에 대하여 비당연유효설을 전제로 하면서 본인상속형에 있어서도 신의칙을 매

266) 곽윤직, 앞의 책, 220면 ; 김증한·주재황, 앞의 책, 444면.

개로 하여 양 자격 내지 지위의 병존을 인정하여 구체적으로 타당한 결과를 얻으려고 하는 설이 유력하다[267].

(1) 신의칙설

신의칙설에서는 무권대리인이 단독을 본인을 상속하는 경우에는 상속인의 추인거절을 금지하고, 상속인에게 이행책임을 부담시킨다. 본인이 무권대리인을 단독으로 상속하는 경우에는 본인의 지위에 기하여 추인 내지 그 거절이 가능하다고 한다[268]. 공동상속의 경우, 다른 공동상속인 전원이 추인하고 무권대리인만이 추인을 거절하는 경우에는 신의칙에 반한다고 한다.

신의칙설에는 다음과 같은 비판이 있다.

① 신의칙설은 무권대리인 상속형에서는 무권대리인의 추인거절은 신의성실에 원칙에 위반된다고 하여 이를 인정하지 않는다고 하고 있는데, 추인을 거절할 수 없다는 것은 추인의 효과와는 같지 않다. 이러한 간극은 추인거절이 신의칙에 위반된다고 판단하는 것보다 실제로는 상대방이 선의·무과실의 경우에 한하지 않고 무권대리인에게 이행의무를 지워야 한다는 판단이 선행하고, 이를 위한 법적 구성으로서 신의칙 구성이 붙인 것에 의하여 발생한 것이다. 무권대리인에게 이행의무를 지워야 한다는 선행판단이 정당하다면 무권대리인의 이행거절이야말로 신의칙 위반이 될 것이다. 그것을 추인거절이 신의

---

267) 棚村政行, "無權代理と相續", 森泉章教授還曆記念論集 現代判例民法學の課題, 法學書院, 1988, 836頁.

268) 堀切忠和, "無權代理と相續", 月刊民事法情報 196號, 108頁.

칙 위반이라고 하였기 때문에 메우기 힘든 간극이 생긴 것으로 보인다[269].

② 본인이 추인의 의사도 추인거절의 의사도 하지 않은 경우에 있어서 부작위를 신의칙 위반이라고 하고, 본인이 행방불명인 경우에는 그 자체를 신의칙 위반이라고 하는 무리를 하거나 다른 구성에 의존하지 않으면 안 된다. 또한 신의칙설에서는 추인과 같은 효과의 발생시점도 명확하지 않다. 만약 상속의 시점에서 유효하다고 한다면 추인거절을 신의칙으로 저지한다고 해야 할 것이다[270].

③ 예컨대 A의 토지를 B가 무권대리에 의하여 C에게 매각한 후 A가 그 토지를 D에게 매각하여 등기를 이전하고, 그 후 B가 A를 상속한 경우에 있어서 신의칙설에 의하면 B의 추인거절은 신의칙 위반으로 A와 C 사이의 매매계약은 유효하게 되므로 추인의 소급효로부터의 형식이론에 의하면 A는 C에게 채무불이행책임을 지고, 그 채무를 B가 상속하는 것이 된다. 그렇다면 같은 C의 B에 대한 손해배상청구이면서 무권대리인의 상속이 있으면 채무불이행에 의한 손해배상책임을 청구할 수 있고, 무권대리인의 상속이 없으면 무권대리인의 책임 규정에 의하여 C에게 선의·무과실을 요구하는 불균형이 발생하게

---

269) 安永正昭, "「無權代理と相續」における理論上の諸問題", 法曹時報 42卷 4號, 19頁.

270) 松久三四彦, "他人物賣買および無權代理等と相續・取得", 半田正夫先生古稀記念論集 著作權法と民法の現代的課題,法學書院, 2003, 643頁.

될 것이다[271].

④ 신의칙설은 본인상속형에서는 본인의 추인거절을 인정하고 있어 이행책임에 문제가 남는다. 이행책임을 지지 않는다고 한다면, 자격의 병존을 넘어 본인의 자격의 우선을 설명할 필요가 있을 것이다. 추인을 거절할 수 있지만 이행책임을 진다고 한다면 자격병존관철설과 같게 된다[272].

(2) 자격병존관철설

무권대리와 상속의 문제에 관하여 최근의 유력한 견해로서 자격병존관철설이 있는데, 자격병존관철설은 무권대리인 상속형, 본인상속형, 쌍방상속형 모두에 있어서 단독상속이든 공동상속이든 묻지 않고, 본인으로서의 지위와 무권대리인으로서의 재위의 병존을 가능한 한 관철하려고 하는 것으로, 그 주장은 다음과 같다[273].

① 본인의 추인도 추인거절권도 이루어지지 않은 채 상속이 개시되고, 무권대리인이 본인을 단순승인으로 상속한 경우, 당해 무권대리행위는 상속에 의하여 당연 유효하게 되는 것이 아니라 상속인에게 무권대리인으로서의 지위와 상속에 의하여 승계한 본인으로서의 지위가 병존한다. 즉 무권대리인은 본인으로서의 지위에 기하여 추인을 거절할 수 있다. 무권대리인은 대리인을 칭하여 행위를 하였으므로 무권대리인이 본인을 상속하여 추인권을 행사할 수 있는 입장이 되었다고 하더라도

271) 松久三四彦, 上揭論文, 643頁.
272) 松久三四彦, 上揭論文, 643頁.
273) 高森哉子, 無權代理と相續, 法律文化社, 2006, 145頁 以下.

예전에 무권대리행위를 하였다고 하는 것 자체가 신의칙상 본인으로서의 지위에 기한 추인거절을 금지시킬 근거로 되는 것은 아니다. 신의칙은 일반조항이므로 사안의 개별·구체적 사정에 따라서는 자신은 무권대리행위를 하지 않은 본인의 추인거절이 신의칙에 반한다고 판단되는 경우도 있을 수 있고, 자신이 무권대리행위를 한 무권대리인이라고 할지라도 본인의 지위에서 추인을 거절하는 것을 인정하는 것이 신의칙에 맞는 경우도 있다. 그럼에도 불구하고 무권대리행위를 한 자가 본인을 상속한 경우에 본인의 지위에서 추인을 거절하는 것은 신의칙에 반한다고 정식화하는 것은 개별·구체적인 관계당사자간의 인간관계를 고려하여 적용해야 할 신의칙이라는 일반조항을 추상적·형식적인 기준으로서 사용하는 것이 되어 부당하다. 무권대리인은 추인을 거절하여도 자기의 무권대리인으로서의 지위에 기한 무권대리인의 책임을 지지 않으면 안 되므로 상대방의 선택에 따라 이행 또는 손해배상책임을 지지만, 이는 상대방이 대리권의 부존재에 대하여 선의·무과실인 경우에 한한다.

② 본인의 추인이나 추인거절 없이 본인이 무권대리인을 단독승인으로 상속하는 경우에도 당해 무권대리행위는 상속에 의하여 당연히 유효한 것으로 되지 않고, 상속인에게 본인으로서의 지위와 무권대리인으로서의 지위가 병존한다. 즉 본인은 자신의 본인으로서의 지위에 기하여 추인을 거절할 수 있다. 그러나 추인을 거절하여도 무권대리인으로서의 지위에 기한 무권대리인의 책임을 지지 않으면 안 되므로 상대방의 선택에

따라 이행 또는 손해배상책임을 지는데, 이는 상대방이 대리권의 부존재에 대하여 선의·무과실인 경우에 한한다. 이는 특정물급부의무의 경우에도 마찬가지이다. 선의·무과실의 상대방이 이행청구를 선택한 때에는 본인으로서의 지위에 기하여 추인거절을 인정하는 의미가 없는 것처럼 보일 수도 있으나, 상속인인 본인이 그러한 사태를 회피하려고 한다면 한정승인을 해야 할 것이다. 한정승인을 한다면 자기의 고유재산과 상속재산이 분리되어 상속인은 무권대리인으로부터 상속한 재산의 범위에서 피상속인인 무권대리인의 채무를 변제하면 될 것이다.

③ 쌍방상속형의 경우에도 상속인은 어느 쪽을 먼저 상속하든 상속인은 본인으로서의 지위에 기하여 추인을 거절할 수 있지만, 대리권의 부존재에 대하여 선의·무과실의 상대방에 대하여 무권대리인으로서의 지위에 기하여 이행 또는 손해배상의 책임을 부담한다.

자격병존관철설은 무권대리인 상속형이든 본인상속형이든 쌍방상속형이든 추인거절권의 행사를 인정하는 한편, 선의·무과실의 상대방은 이행책임을 추급할 수 있다고 하고 있는데, 이는 실질적으로는 상대방이 선의·무과실인 경우에는 무권대리인의 자격을 우선시키는 것이다.

무권대리행위가 이루어진 후에 무권대리인이 본인을 상속하거나 본인이 무권대리인을 상속하거나 혹은 제3자가 본인과 무권대리인 쌍방을 상속하는 경우, 무권대리행위를 유효 또는 무효하게 할 수 있는 본인으로서의 권리와 무권대리행위로 의한 이행 또는 손해배상책임을 지는 무권대리인으로서의 권리가 동일인에게 귀속하게 되는 경우의 문제에 대해서 살펴보았다.

양 자격 내지는 지위가 동일인에게 귀속하였다는 점에서는 같지만, 무권대리인이 본인을 상속한 경우와 본인이 무권대리인을 상속하는 경우, 제3자가 본인과 무권대리인 쌍방을 상속하는 경우는 같이 취급할 수 없다. 무권대리인이 본인을 상속하는 경우에는 자신이 한 행위를 스스로 부정하게 되어 금반언의 원칙에 반한다고 할 수 있지만, 본인이 무권대리인을 상속하는 경우나 제3자가 쌍방을 상속하는 경우는 상속이라는 우연에 의하여 그 책임을 지우게 하기 때문이다. 무권대리인의 책임은 무권대리행위의 상대방이 선의·무과실인 경우에 부담하는 것이기 때문에 본인으로서의 지위와 무권대리인으로서의 지위가 동일인에게 귀속하였다고 하여 당연히 유효하다고 하는 것은 타당하지 않다. 또한 공동상속의 경우 무권대리행위와 아무 관련이 없는 다른 공동상속인에게까지 불이익을 주는 결과를 초래할 수 있다.

본인으로서의 지위와 무권대리인으로서의 지위가 동일인에게 귀속한다고 하는 때에는 그 지위가 병존한다고 해석해야 할 것이다. 그러나 양 자격 내지 지위의 병존을 인정하는 것만으로는 문제의 해결이 되지 않는다. 본인을 상속한 무권대리인 또는 무권대리인을 상속한 본인, 본인과 무권대리인 쌍방을 상속한 제3자가 본인으로서의 지위에 기하여 추인을 거절한다면 상대방은 선의·무과실인 경우 무권대리인의 책임으로 추급하여 무권대리행위의 이행 또는 손해배상을 청구할 수 있다. 본인으로서의 지위와 무권대리인으로서의 지위를 모두 가진 자가 본인의 자격에 기하여 추인을 거절하여도 무권대리인으로서의 의무는 여전히 남는 것이다.

무권대리와 상속의 문제를 대립하는 법률관계의 어느 쪽을 우선하는가의 문제로 파악한다면 법률관계의 충돌은 권리의무관계의 충돌이 된다. 무권대리인을 상속한 본인은 이행하지 않아도 좋다고 한다면 이를 어떠한 권리로서 파악하는가가 문제가 된다. 이에 관해서는 후술한다.

5. 타인의 권리매매와 상속

무권대리와 상속에 관한 문제와 유사한 문제로서 타인의 권리매매와 상속의 문제가 있다. 무권대리와 상속에 있어서는 무권대리인이 본인의 지위를 상속하는 경우와 본인이 무권대리인의 권리를 상속하는 경우로 나눌 수 있고, 타인의 권리매매와 상속에 있어서도 타인의 권리를 매매한 매도자가 소유권자인 권리자의 지위를 상속하는 경우와 권리자가 매도인의 지위를 상속하는 경우로 나눌 수 있다. 무권대리와 타인의 권리매매는 민법상 별개의 제도로서 규정되어 있다. 그러나 양자는 사회적 사실로서는 명확하게 구별되지 않고 무권대리인에 의한 매매를 타인의 권리매매로 구성하는 경우가 많다.

무권대리와 상속의 문제를 푸는 열쇠는 이 타인의 권리매매와 상속의 문제에 있다고 생각된다. 일본에서는 이 점에 대하여 다음과 같은 판례의 변경이 이루어졌다.

① 最判昭和38(1963)年12月27日民集17卷12号1854頁

A와 그의 母 B는 본건 건물을 공유하고 있던 중, B가 자기의 이름으로 이를 C에게 매각하였고, B가 사망하여 A가 상속하였다. C는 A에 대하여 본건 건물의 소유권이전등기와 인도를 청구하였다. 원심은 C의 청구를 인용하였고, 이에 A가 상고하였다. 最高裁判所는 「매도인 및 그의 상속인의 공유부동산이 매매의 목적으로 된 경우에 있어서, 매도인이 사망하여 상속인이 한정승인을 하지 않은 때에는 매수인이 당해 부동산의 공유자를 알고 있었는지 아닌지를 묻지 않고, 상속인은 무한히 매도인인 피상속인의 권리의무를 승계하므로 위 매매계약 성립 당시 공유자의 일원으로서, 당해 부동산의 지분을 갖고 있다는 것을 이유로 하여 그 지분에 대하여 위 매매계약에 있어서의 매도인의 의무이행을 거절할 수 없다고 해석하는 것이 상당하다」고 하여 상고를 기각하였다.

② 最判昭和49(1974)年9月4日民集38卷6号1169頁

채권자 C는 B와 본건 부동산(B 명의)D에 대하여 대물변제예약을 하여 등기가 경료하였다. B의 채무불이행을 이유로 C는 대물변제예약완결의 의사표시를 하고 등기를 이전하였다. C는 B에 대하여, 본건 부동산의 인도를 청구하였다. B 사망 후 B의 夫 A1과 子 A2가 상속하여 소송을 승계하였다. A1・A2는 본건 부동산은 A1 소유의 것으로, B의 소유로 된 적이 없다고 주장하였다. 원심은 C의 청구를 인용하였고, 이에 A1・A2가 상고하였다.

最高裁判所는 「타인의 권리의 매도인이 사망하고, 그 권리자에 있어서 매도인을 상속한 경우에는 권리자는 상속에 의하여 매도인의 매매계약상의 의무 내지 지위를 승계하나, 그 때문에 권리자 자신이 매매계약을 체결한 것으로 되지 않는 것은 물론 이에 의하여 매매의 목적으로 된 권리가 당연히 매수인에게 이전하는 것이라고 해석해야 할 근거도 없다.

또한 권리자는 그 권리에 의하여 상속인으로서 승계한 매도인의 이행의무를 바로 이행할 수 있으나, 그것이 상속에 의한 매도인의 의무 승계라고 하는 우연한 사실에 의하여 좌우되어야 할 이유는 없고, 또 권리자가 그 권리의 이전을 거부하였다고 하여 매수인이 예측할 수 없는 불이익을 받았다고 할 수도 없다. 그러므로 권리자는 상속에 의하여 매도인의 의무 내지 지위를 승계하여도 상속 전과 마찬가지로 그 권리의 이전에 대하여 諾否의 自由를 보유하고, 신의칙에 반한다고 인정할 만한 특별한 사정이 없는 한, 위 매매계약상의 매도인으로서의 이행의무를 거부할 수 있는 것이라고 해석하는 것이 상당하다」고 하여 最判昭和38年12月27日民集17巻12号1854頁 판결을 변경하였다.

6. 본인의「諾否의 自由」- 자기 재산 관리의 우위

最判昭和49年9月4日民集38巻6号1169頁 판결은 상속인의「諾否의 自由」를, 상속한 무권대리인의 책임으로서의 이행의무보다도 우선하는 것이다. 이는 상속인은 자신이 관여하지 않은 상속이라고 하는 사실에서 자기의 의사에 반하여 자기 재산의 소유권을 상대방에게 이전하지 않아도 좋다고 하는 것이라고 할 수 있다. 이는 상속인이 갖는 자기 재산의 관리권한은 상속한 무권대리인의 책임으로서의 이행의무에 우선한다는 것이다. 자기의 재산관여는 스스로 관리할 수 있다는 원칙 하에서, 이러한 권리가 상속제도에 우선한다고 하는 이해에 결부될 수 있다.[274] 그 정당화 근거로서는 사적자치의 원칙이 들어지고 있다.[275]

무권대리행위가 이루어진 후에 무권대리인이 본인을 상속하거나 본인이 무권대리인을 상속하거나 혹은 제3자가 본인과 무권대리인 쌍방을 상속하는 경우, 무권대리행위를 유효 또는 무효하게 할 수 있는 본인으로서의 권리와 무권대리행위로 인한 이행 또는 손해배상책임을 지는 무권대리인으로서의 권리가 동일인에게 귀속하게 되는 경우의 문제에 대해서 살펴보았다.

양 자격 내지는 지위가 동일인에게 귀속되었다는 점에서는 같지만, 무권대리인이 본인을 상속한 경우와 본인이 무권대리인을 상속하는 경우, 제3자가 본인과 무권대리인 쌍방을 상속하는 경우는 같이 취급할 수 없다. 무권대리인이 본인을 상속하는 경우에는 자신이 한 행위를 스스로 부정하는 결과가 되어 금반언의 원칙에 반한다고 할 수 있지만, 본인이 무권대리인을 상속하는 경우나 제3자가 쌍방을 상속하는 경우는 상속이라는 우연에 의하여 그 책임을 지우게 되기 때문이다. 무권대리인의 책임은 무권대리행위의 상대방이

274) 松久三四彦, 前揭論文, 628～660頁은 이러한 생각에 기하여, 자기 재산의 관리권한이 상속한 의무에 우선해야 하는 경우를 석출하여, 무권대리와 상속의 문제 및 관련문제를 종합적으로 검토하고 있다.

275) 松久三四彦, 前揭論文, 646頁.

선의 · 무과실인 경우에 부담하는 것이기 때문에 본인으로서의 지위와 무권대리인으로서의 지위가 동일인에게 귀속하였다고 하여 당연히 유효하다고 하는 것은 타당하지 않다. 또한 공동상속의 경우 무권대리행위와 아무 관련이 없는 다른 공동상속인에게까지 불이익을 주는 결과를 초래할 수 있다.

본인으로서의 지위와 무권대리인으로서의 지위가 동일인에게 귀속한다고 하는 때에는 그 지위가 병존한다고 해석해야 할 것이다. 그러나 양 자격 내지 지위의 병존을 인정하는 것만으로는 문제의 해결이 되지 않는다. 본인을 상속한 무권대리인 또는 무권대리인을 상속한 본인, 본인과 무권대리인 쌍방을 상속한 제3자가 본인으로서의 지위에 기하여 추인을 거절한다면, 상대방은 선의 · 무과실인 경우 무권대리인의 책임으로 추급하여 무권대리행위의 이행 또는 손해배상을 청구할 수 있다. 본인으로서의 지위와 무권대리인으로서의 지위를 모두 가진 자가 본인의 자격에 기하여 추인을 거절하여도 무권대리인으로서의 의무는 여전히 남는 것이다.

무권대리와 상속의 문제를 대립하는 법률관계의 어느 쪽을 우선하는가의 문제로 파악한다면, 법률관계의 충돌은 권리의무관계의 충돌이 된다. 무권대리인을 상속한 본인은 이행하지 않아도 좋다고 한다면, 이를 어떠한 권리로서 파악하는가가 문제가 된다. 무권대리행위를 이행할 것인가 손해배상책임을 부담할 것인가 라고 하는 諾否의 자유는 자기의 재산관계를 스스로 관리할 수 있다는 것을 하나의 권리 즉 관리권으로서 파악할 수 있다. 이 관리권은 상속된 무권대리인의 무권대리행위상의 의무 내지 지위에 우선한다고 볼 수 있을 것이다.

참고판례

〈 우리나라의 판례 〉

대법원 1948.1.6. 선고 4280민상204 판결.

대법원 1948.3.11. 선고 4280민상241 판결.

대법원 1955.5.12. 선고 4287민상208 판결.

대법원 1955.9.22. 선고 4288민상169 판결.

대법원 1956.3.17. 선고 4288민상446 판결.

대법원 1957.4.4. 선고 4290민상21 판결.

대법원 1957.12.12. 선고 4290민상696 판결.

대법원 1959.7.2. 선고 4291민상329 판결.

대법원 1959.8.27. 선고 4292민상286 판결.

대법원 1959.8.27. 선고 4292민상331 판결.

대법원 1959.8.27. 선고 4291민상486 판결.

대법원 1959.12.3. 선고 4292민상107 판결.

대법원 1960.2.4. 선고 4291민상508 판결.

대법원 1960.8.18. 선고 4292민상743 판결.

대법원 1960.9.15. 선고 4292민상1007 판결.

대법원 1960.10.27. 선고 4293민상287 판결.

대법원 1961.12.28. 선고 4294민상204 판결.

대법원 1962.2.8. 선고 4294민상192 판결.

대법원 1962.2.8. 선고 4294민상721 판결.

대법원 1962.4.4. 선고 4294민상1387 판결.
대법원 1962.7.26. 선고 62다243 판결.
대법원 1962.8.30. 선고 62다400 판결.
대법원 1962.10.18. 선고 62다508 판결.
대법원 1962.10.18. 선고 62다535 판결.
대법원 1963.11.7. 선고 63다610 판결.
대법원 1964.5.26. 선고 64다1008 판결.
대법원 1964.7.21. 선고 64다395 판결.
대법원 1964.12.22. 선고 64다863 판결.
대법원 1964.12.22. 선고 64다1244 판결.
대법원 1965.1.19. 선고 64다1138 판결.
대법원 1965.2.23. 선고 64다1597 판결.
대법원 1965.3.30. 선고 65다44 판결.
대법원 1965.8.24. 선고 65다981 판결.
대법원 1965.10.5. 선고 65다1542 판결.
대법원 1966.6.28. 선고 66다872 판결.
대법원 1966.9.6. 선고 66다981 판결.
대법원 1966.9.27. 선고 66다1521 판결.
대법원 1966.11.22. 선고 66다1736 판결.
대법원 1966.12.27. 선고 66다1755 판결.
대법원 1966.12.27. 선고 66다2042 판결.
대법원 1967.3.28. 선고 64다1798 판결.
대법원 1967.5.23. 선고 67다621 판결.
대법원 1967.6.20. 선고 67다734 판결.

대법원 1967.8.29. 선고 67다1125 판결.

대법원 1967.9.5. 선고 67다1394 판결.

대법원 1967.12.18. 선고 67다2294 · 2295 판결.

대법원 1967.12.26. 선고 67다2448 · 67다2449 판결.

대법원 1968.2.20. 선고 67다2762 제3부 판결.

대법원 1968.6.18. 선고 68다694 판결.

대법원 1968.11.5. 선고 68다1501 판결.

대법원 1968.11.26. 선고 68다999 판결.

대법원 1968.11.26. 선고 68다1727 · 68다1728 판결.

대법원 1968.12.17. 선고 68다1871 판결.

대법원 1969.1.28. 선고 68다2317 판결.

대법원 1969.6.24. 선고 69다633 판결.

대법원 1969.7.22. 선고 69다548 판결.

대법원 1969.10.14. 선고 69다1384 판결.

대법원 1969.10.23. 선고 69다1175 판결.

대법원 1969.10.23. 선고 69다1595 판결.

대법원 1969.12.23. 선고 68다2186 판결.

대법원 1970.2.10. 선고 69다2141 판결.

대법원 1970.2.24. 선고 69다2011 판결.

대법원 1970.3.10. 선고, 69다2218 판결.

대법원 1970.6.30. 선고, 70다908 판결.

대법원 1971.10.11. 선고 71다1843 판결.

대법원 1970.10.30. 선고, 70다1812 판결.

대법원 1971.1.29. 선고 70다2738 판결.

대법원 1971.5.24. 선고 71다453 판결.
대법원 1971.5.31. 선고 71다847 판결.
대법원 1971.10.12. 선고 71다1763 판결.
대법원 1971.10.22. 선고 71다1921 판결.
대법원 1971.11.30. 선고 71다2166 판결.
대법원 1971.12.14. 선고 71다2173 판결.
대법원 1971.12.28. 선고 71다2303 판결.
대법원 1972.2.29. 선고 72다38 판결.
대법원 1972.6.27. 선고 72다657 판결.
대법원 1973.1.16. 선고 72다1626 판결.
대법원 1972.8.22. 선고 72다929 판결.
대법원 1972.12.12. 선고 72다1530 판결.
대법원 1973.6.5. 선고 72다2617 판결.
대법원 1973.7.24. 선고 73다474 판결.
대법원 1974.3.12. 선고 73다1814 판결.
대법원 1974.4.9. 선고 74다78 판결.
대법원 1974.7.9. 선고 73다1804 판결.
대법원 1974.8.20. 선고 74다976 판결.
대법원 1974.10.8. 선고 74다557 판결.
대법원 1975.1.28. 선고 74다1199 판결.
대법원 1975.3.25. 선고 74다432 판결.
대법원 1975.4.8. 선고 74다2224 판결.
대법원 1975.10.7. 선고 74다2082 판결.
대법원 1976.3.23. 선고 73다1549 판결.

대법원 1976.4.13. 선고 75다2324 판결.
대법원 1976.7.13. 선고 76다1155 판결.
대법원 1976.12.21. 자75마551 결정.
대법원 1977.10.11. 선고 76다3043 판결.
대법원 1978.1.17. 선고 77다2157 판결.
대법원 1978. 3.28. 선고 78다282 판결.
대법원 1978.3.28. 선고 77다1669 판결.
대법원 1978.6.27. 선고 78다864 판결.
대법원 1978.10.10. 선고 78다75 판결.
대법원 1979.3.27. 선고 79다234 판결.
대법원 1980.8.12. 선고 80다901 판결.
대법원 1980.11.11. 선고 80다947 판결.
대법원 1980.11.11. 선고 80다1942 판결.
대법원 1980.12.23. 선고 80다2077 판결.
대법원 1980.2.26. 선고 79다1160 판결.
대법원 1980.4.8. 선고 80다188 판결.
대법원 1981.3.24. 선고 81다18 판결.
대법원 1981.4.14. 선고 80다2314 판결.
대법원 1981.6.23. 선고 80다609 판결.
대법원 1981.8.20. 선고 80다3247 판결.
대법원 1981.8.25. 선고 80다3204 판결.
대법원 1981.12.8. 선고 81다322 판결.
대법원 1982.4.13. 선고 81다408 판결.
대법원 1982.7.13. 선고 82다카19 판결.

대법원 1983.2.8. 선고 81다카621 판결.
대법원 1983.12.13. 선고 83다카1489 전원합의체 판결.
대법원 1984.6.26. 선고 81다524 판결.
대법원 1984.10.10. 선고 84다카780 판결.
대법원 1984.11.27. 선고 84다310 · 84다카1283 판결.
대법원 1986.9.9. 선고 84다카2310 판결.
대법원 1987.5.26. 선고 86다카1821 판결.
대법원 1987.11.10. 선고 87다카1325 판결.
대법원 1987.12.8. 선고 85다카2340 판결.
대법원 1989.3.28. 선고 87다카2152 판결.
대법원 1989.4.11. 선고 88다카13219 판결.
대법원 1989.4.25. 선고 87다카2672 판결.
대법원 1989.5.23. 선고 88다카22626 판결.
대법원 1989.10.24. 선고 88다카26918 판결.
대법원 1989.9.12. 선고 88다카28228 판결.
대법원 1990.1.23. 선고 88다카3250 판결.
대법원 1990.3.27. 선고 88다카181 판결.
대법원 1990.4.10. 선고 89다카19184 판결.
대법원 1990.4.27. 선고 89다카2100 판결.
대법원 1990.10.23. 선고 90다카13212 판결.
대법원 1994.9.27. 선고 94다20617 판결.
대법원 1998.2.10. 선고 97다31113 판결.

〈 일본의 판례 〉

大判昭和11年8月7日民集15卷1630頁.

昭和32年12月5日法律新聞83・84號16頁.

大判昭和2(1927)年3月22日民集6卷106頁.

大判昭和17(1932)年2月25日民集2卷164頁

大判昭和9(1934)年9月10日民集13卷1999頁.

大判昭和10(1935)年8月8日新聞38812頁.

大判昭和13(1938)年11月16日民集17卷2216頁.

最判昭和37(1962)年4月20日民集16卷4955頁.

最判昭和38(1963)年12月27日民集17卷121854頁.

最判昭和40(1965)年6月18日民集19卷4986頁.

最判昭和48(1973)年7月3日民集27卷7751頁.

最判昭和49(1974)年9月4日民集38卷61169頁.

最判昭和63(1988)年3月1日判時131292頁.

最判平成5(1993)年1月21日民集47卷1265頁.

最判平成5(1993)年1月21日金判9203頁.

最判平成10(1998)年7月17日民集52卷51296頁.

참고문헌

〈 국내 단행본 〉

강현중, 민사소송법, 박영사, 1988.
곽윤직, 민법총칙(제7판), 박영사, 2004.
고상룡, 민법총칙(전정판), 법문사, 1999.
김기선, 한국민법총칙, 법문사, 1981.
김민중, 민법총칙, 두성사, 1995.
김상용, 민법총칙(전장판), 법문사, 1998.
김용한, 민법총칙론(재전정판), 박영사, 1993.
김준호, 민법총칙-이론과 사례-, 법문사, 1999.
김증한・김학동, 민법총칙(제9판), 박영사, 1995.
김증한주재황 편, 주석 민법총칙(下), 한국사법행정학회, 1980.
이영준, 민법총칙, 박영사, 1987.
장경학, 민법총칙(제3판), 법문사, 1992.
김주수, 민법총칙(제3판), 삼영사, 1991.
우상규, 민법총칙, 육법사, 2002.
제철웅, "상속이 무권대리 또는 무권리자의 처분행위에 미치는 효력", 일헌최병욱교수정년기념현대민사법연구, 법문사, 2002.

〈 국내 학위논문 〉

이용박, 표현대리의 법리에 관한 연구 - 법률외관이론에 의한 체계적 해석이론제시를 중심으로 -, 동국대학교 박사학위논문, 1990.

〈 국내 정기간행물 〉

고상룡, "무권대리와 상속", 월간고시, 1983.1.
권오승, 표현대리의 본질, 고시연구 17권 6호.
김성숙, "무권대리와 상속", 숭실대학교 법학논총 7집.
김용한, "표현대리론 (1)", 법조 19권 7호.
김학동, "표현대리책임의 법적성질", 고시연구 16권 11호.
문흥한, "쌍방대리", 저스티스 409호.
장경학, "무권대리와 상속", 월간고시, 1982.6.

〈 일본 단행본 〉

四宮和夫・能見善久, 民法總則(第7版), 弘文堂, 2005.
四宮和夫, "判例批評" 判例民事法 1942.
高野竹三, "無代理と相", 民法の点〔1〕, 有斐閣, 1985.
棚村政行, "無代理と相", 森泉章授還記念論集現代判例民法の課題 法書院, 1988.
高森哉子, 無代理と相, 法律文化社, 2006.
中川善之助泉久雄, 相法, 有斐閣, 1974.

長尾治助, 表見代理論序說, 成文堂, 1971.
積重遠, "判例批評", 判例民事法, 1927.
水芳, "無代理と相", 山三木三朗石川利夫先生還記念現代民法の基本問題(下), 第一法規出版, 1983.
松久三四彦, "他人物買および無代理等と相取得", 半田正夫先生古稀記念論集 著作法と民法の現代的課題, 法書院, 2003.
山田卓生外, 民法 I 總則(第3版補訂), 有斐閣, 2007

〈 일본 정기간행물 〉

於保不二雄, "無代理人が本人を相したる場合と無代理行の主張", 民商法誌 1 4.
金山正信, "無代理と相續", 民事修 194.
川添利起, "判例批評", 法曹時報 14 6.
杉之原舜一, "無代理行と代理人の相" 民商法誌 9 5.
谷口知平, "本人が無代理人を相した場合における無代理行の力", 民商法誌 47 6.
長尾治助, "無代理人が分目的物を取得した場合の法律係", 判例タイムズ 208.
萩本修, "無代理と相", 月刊民事法情報 107.
堀切忠和, "無代理と相", 月刊民事法情報 196.
安永正昭, "無代理と相における理論上の諸問題", 法曹時報 42 4.

고 영 아(高 影 娥, Young-Ah Goh)

- 법학박사(일본 홋카이도 대학)
- 일본 홋카이도 대학 법학연구과 조교(Assistant Professor)

대리이론의 연구

2008년 4월 26일 초판 인쇄
2008년 4월 29일 초판 발행

저 자 : 고영아
펴낸이 : 천승배
펴낸곳 : 도서출판 유한문화사

주소 : (157-801) 서울시 강서구 가양동 146-63
전화 : 2668-2055~6
팩스 : 2668-2565
http://www.yuhansa.com
E-mail : yuhansa@paran.com
등록 : 제 5-31호. 1979. 3. 6.

값 12,000 원

ISBN : 978-89-7722-711-8 93360

저자와의 협의에 의해 인지는 생략합니다.